· 专注体验式旅行 ·

JUST GO

《亲历者》编辑部 编著

Sichuan

畅销版

四川

中国铁道出版社
CHINA RAILWAY PUBLISHING HOUSE

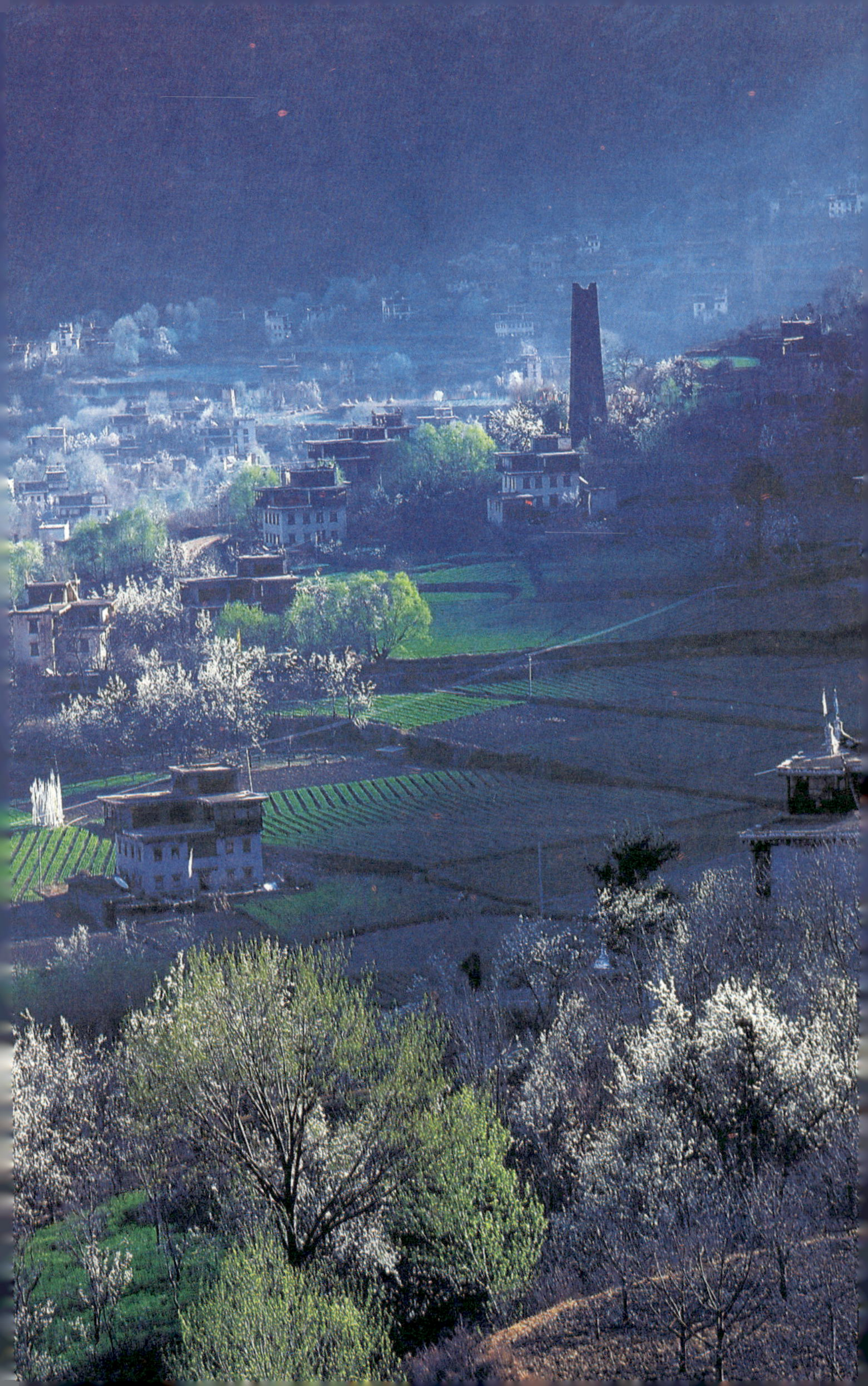

前言

　　四川简称川或蜀，位于中国腹地，自古就有"天府之国"的美誉。四川旅游资源极为丰富，历来有"天下山水之观在于蜀"之说。其实，蜀地的美景，又何止山水？

　　虽然四川东部城市的麻辣味道与都市气息是我们所熟悉的，但这里人们气定神闲的气质与安逸好耍、乐享生活的态度却是令我们心生向往的。这里的天空，云层很厚，但从不让人感觉烦腻。湿度刚好的空气，还有一种天然的补水保湿效果。

　　也许你对川西有些陌生，但是你一定听过九寨沟、黄龙、稻城亚丁、四姑娘山这些地方，其实这些为人称赞的地方只是川西大地上的冰山一角。踏入这片区域，与平常所见迥异的风景美到让人窒息。雪山、冰川、圣湖、草原、原始森林等大气的自然风光，神秘的宗教以及厚重多元的民族文化，带来的是视觉上的饕餮盛宴和心灵深处的强烈冲击。

　　在成都，将大把的时间挥霍在茶馆中，在街头巷尾寻觅美食；在乐山，去乘老爷小火车，去峨眉山拜佛；在阿坝，沉醉于九寨沟妖娆的海子中，徒步体验户外运动的魅力……

　　遇见四川的第一眼，一定让你舍不得遗忘，于是四川成为一份永久的牵挂，让你在今后的日子里一去再去。本书试图引领读者通过一场说走就走的旅行，深入了解四川独特的文化，体验有趣的活动，品尝热辣的美食。希望读者在这场旅行中，体味快乐，发现自我。

ailvyou15

跟小伙伴们坐了三十多个小时的火车来这里进行了一次毕业旅行，玩得很开心。不得不说，四川是一个民族多样的地方，让我们领略了多样的风情；四川也是一个很养人的地方，空气很好，很湿润，也不是很晒；四川更是一个出美女的地方，大街上飘过的美女们让我们这些女汉子汗颜啊！

榛美去

要如何形容成都呢？她就像个情结，时时刻刻提醒我去享受生活的点点滴滴，这并不是慵懒或者逃避，而是真正热爱生活、直面生活。成都就是这样，充满了地道的生活味道，她接地气儿、朴实、真实、美丽。另一方面，她繁华、热闹，充满了新鲜血液。

QIANGONG120

这是我去过的最爱最美的省份。对她，我有太多的赞美。九寨沟，黄龙，四姑娘山，峨眉山，西岭雪山，稻城，康定。每个人都能说出太多这些美丽动人的地方，而她们的美却是难以言喻的，那些美停留在去过的人心里。

水煮鱼 ywy

喜欢它的温度，喜欢它的美食，喜欢它的城市气息。我来过，但绝对不会是最后一次。

四川概览

旺季（9月~11月）

此时气候凉爽适宜，彩林、红叶是普遍的美景，九寨沟、黄龙、稻城亚丁等都迎来了最美的季节

平季（3月~6月）

春季，四川大部分地区天气状况都比较稳定。3月底，金川千树万树梨花盛开，5、6月份，漫山遍野都是高山杜鹃花

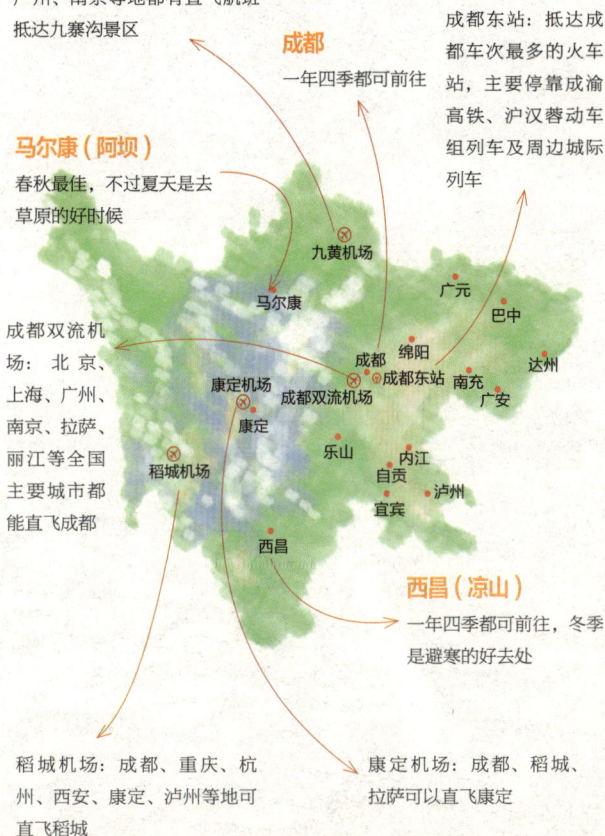

淡季（12月至次年2月、7月~8月）

1、2月为四川的深冬季节，降雪频繁，川西大部分地区更是处于封山状态；7、8月是四川的雨季，出行多有不便，不过此时却是草原最美的时候

九黄机场：北京、成都、杭州、广州、南京等地都有直飞航班抵达九寨沟景区

成都东站：抵达成都车次最多的火车站，主要停靠成渝高铁、沪汉蓉动车组列车及周边城际列车

成都
一年四季都可前往

马尔康（阿坝）
春秋最佳，不过夏天是去草原的好时候

成都双流机场：北京、上海、广州、南京、拉萨、丽江等全国主要城市都能直飞成都

九黄机场

马尔康

广元

巴中

绵阳

成都
成都东站

达州

南充

广安

康定机场

成都双流机场

康定

乐山

内江

自贡

泸州

宜宾

稻城机场

西昌

西昌（凉山）
一年四季都可前往，冬季是避寒的好去处

稻城机场：成都、重庆、杭州、西安、康定、泸州等地可直飞稻城

康定机场：成都、稻城、拉萨可以直飞康定

火辣辣的舌尖体验

火锅、棒棒鸡、担担面……不论你是不是奔着美食来到四川，你都会被这里火辣辣的美食所深深折服。

赏无边秋色

地形的巨大反差与地貌的多样变化令四川有着绝美的秋色，秋季前来，等待你的将是一个色彩斑斓的世界。

美丽草原载歌载舞

夏季的川西草原上野花盛开，打一个滚儿就是一身花香。当然，草原上举办活动时还可以和牧民一起载歌载舞。

拜访特色村寨

四川是个多民族的省份，想要感受四川民族风情，可以去拜访特色村寨。被评为"中国最美乡村"的丹巴藏寨是不错的选择。

感受户外乐趣

徒步骑马、骑行川藏线、攀冰登山……堪称户外运动圣地的四川吸引着众多驴友的前来。如果你也心动，那就做足准备，叫上同伴，一同出发吧。

佛学院朝圣

甘孜有众多的佛学院，可以选择几个去朝圣，五明佛学院规模宏大的僧舍奇观会让你目瞪口呆。

春季

金川梨花：从 3 月底就开始绽放的金川梨花是春季四川绝对不能错过的美景。

嘉阳小火车：每到春天，嘉阳小火车穿行于金黄的油菜花田中的情景为游人所津津乐道。

夏季

青城山：青城山山林幽深、亭阁幽雅、溪流幽清，故有"青城天下幽"的美誉，是著名的避暑胜地。

九顶山：夏季的九顶山，不同海拔高度上数不清种类的野花依次开放，宛若一座绚丽多彩的花园仙境。

秋季

九寨沟：以颜色奇幻的海子和色彩斑斓的彩林组合为其特点。每年的 10 月中旬至 11 月初迎来最美的秋色。

稻城亚丁：稻城亚丁堪称最令人向往的秋景拍摄地。秋季，这里雪山、红草、彩林、藏宅形成完美组合，让人心醉神迷。

冬季

西岭雪山：无敌雪景加雪场驰骋让西岭雪山成为冬季旅游的绝佳目的地。

海螺沟：冬季的海螺沟，冰川的寒冷与温泉的温暖相伴相生。此时前来，尽情享受冰火两重天的世界吧！

推荐
行程

第一条经典线路

精华两周游

可以在成都停留两天的时间，这里麻辣鲜香的美食一定让你大呼过瘾，在小茶馆体验成都的慢生活，看场川剧变脸，选择喜欢的景点进行游览。然后从成都乘车前往九寨沟，游览大名鼎鼎的九寨沟、黄龙，相信九寨沟的海子和黄龙的五彩池会以不同的方式令你惊叹，还可以去牟尼沟体验更原始古朴的自然。然后乘车北上抵达若尔盖，去若尔盖花湖漫步，赏黑颈鹤，在水色纯美的湖边尽情拍照；去九曲黄河第一湾赏苍茫的落日。然后前往郎木寺，这是一个四川与甘肃交界处的美丽小镇。最后经红原草原、米亚罗、理县、汶川游览回到成都，结束行程。

去看两大世界遗产

　　从成都出发先前往天下幽的青城山，用一天的时间游览，晚上在泰安古镇品美食。第二天从青城山前往都江堰，在奔腾的岷江上眺望两千多年前的工程，晚上还可以在夜啤酒长廊畅饮啤酒。第三天上午乘车前往乐山，然后花将近一天的时间游览乐山大佛景区，大佛附近还有东方佛都可以顺便游览。第四天、第五天的时间用来游览峨眉山，观金顶日出、与灵猴嬉戏。时间充足的话可以留更多的时间游览峨眉山，也可以前往距乐山1.5小时车程的犍为县，那里有仍在运行的蒸汽窄轨小火车。

目录 *Mulu*

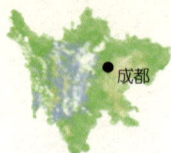
成都

PART 1 成都

成都是个太容易被人爱上的城市，不论是火辣辣的美食，还是气定神闲的慢生活节奏，处处散发着难以言说的吸引力。成都以她的多元和丰富欢迎你的到来。

乐山

PART 2 乐山

美食与峨眉山—乐山大佛世界遗产是乐山吸引众多游人的原因。除此之外，全球唯一还在运行的窄轨蒸汽小火车也被越来越多的人所喜爱。而被蒙上神秘色彩的黑竹沟，其实是个原始而美丽的地方。

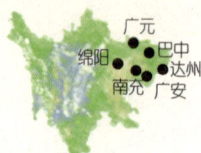
广元
绵阳　巴中
　　　达州
南充　广安

PART 3 川东北

广元、剑阁一带丰富的三国遗迹让这片区域充满浓厚的历史人文气息。阆中古城是中国四大古城之一，有着玄妙的风水布局。还可以去看看新北川，那里有涅槃重生的喜悦，也有触目惊心的地震遗迹。此外，秋天这里的光雾山是赏红叶的胜地。

自贡 内江
泸州
宜宾

PART 4 川东南

　　美食伴美景是这里最吸引人的地方。川东南富饶繁华，使得这里美食众多，尤其是自贡盐帮菜，深受人们的喜爱。川东南的山清水秀间尚有不少古色古香的小镇，还有蜀南竹海、石海洞乡等无不让人感叹大自然的神奇，若是春节期间前往，推荐去自贡赏灯会。

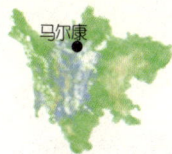

马尔康

PART 5 阿坝

　　阿坝这个朴实无华的名字背后，汇集了四川自然与人文的精髓。九寨沟、黄龙、四姑娘山等大名鼎鼎的景点自是不必多说，这里还有浓郁的民族风情等着你。

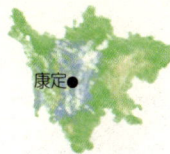

康定

PART 6 甘孜

　　神圣洁白的雪山、冰清玉洁的圣湖、庄重威严的庙宇、妩媚的草原和独特古朴的藏民族风情，甘孜藏族自治州的魅力足以吸引每一个旅行者。

西昌

PART 7 凉山

　　凉山彝族自治州被称为成都的后花园，不仅有泸沽湖、邛海、泸山这样绝美的湖光山色，还有一年四季都晒不尽的阳光，所以不妨冬季前来避寒。此外，别忘了这里还有独具彝族风情的火把节。

读懂
四川

1 古蜀文明，辉煌灿烂

古蜀文明，是指从远古时期到春秋时期早期，产生于我国今四川和重庆等地，不同于中原文明却又与中原文明有着千丝万缕关系的古文明。

然而，直到 20 世纪初，这段辉煌璀璨的文明还被认为只存在于神话之中。李白有诗《蜀道难》云："蚕丛及鱼凫，开国何茫然。尔来四万八千岁，不与秦塞通人烟。"有关蚕丛纵目、鱼凫成神、杜宇化鹃、开明复活的生动传说散见于《华阳国志》《蜀王本纪》等文献里，但人们认为他们只是带着模糊的浪漫色彩的神话故事。直到三星堆、金沙、宝墩等重要文明遗址的相继发现，才让人们对古蜀文明有了全新的认识。

蚕丛和鱼凫两族原居住在川西高原的岷江上游地区，后东出岷山进入了成都平原，而柏灌大约是成都平原西北部地区，今都江堰市"灌口""观坂"一带的土著。三代蜀王虽然初入成都平原的时间不同，但他们在成都平原先后相遇，终因资源和生存空间的争夺而发生了大规模的酋邦征服战争，蚕丛最先获得了战争的胜利。宝墩古城遗址的发现完善了古蜀文明发展演进的脉络，也向我们展示了 4500 年前蚕丛一族的大致面貌。

金沙遗址

　　鱼凫氏是古蜀国五代蜀王中继蚕丛、柏灌之后的第三个氏族。鱼凫时代隐含了温江、郫县、金沙、三星堆等古蜀文化的灿烂历史。其中最显著的表现就是青铜文化的兴盛。在广汉三星堆文化遗址中，仅仅出土的青铜器物就有近 1 吨之多，这在整个中国也是罕见的。

　　在商周之际，古蜀王国的政治史上发生了一次王朝更迭。来自云南朱提的杜宇，入蜀后娶了一位蜀人女子，通过政治联姻扩大势力，最终取代了鱼凫王的统治，建立起古蜀的杜宇王朝。望帝杜宇把都城定在了成都。

　　春秋初年，来自长江中游荆地的鳖灵借蜀中治水之机赶走了杜宇，自立为蜀王，号开明。开明王朝凭着国力雄厚继续扩张，南征北伐。到王朝中期，古蜀国已成为先秦时中国西南地区首屈一指的泱泱大国。

只是，到公元前316年秦灭蜀，古蜀国的政治史从此结束，古蜀文明的相对独立发展进程也随之被阻断，逐步汇入到统一的中华文明之中，成都平原和成都的历史进入另一页篇章。

1 三星堆博物馆全景
2 悠久的严道古城遗址

1

2 南方丝绸之路：最早的中西交流道路

由张骞出使西域开辟的北方丝绸之路（从西安经河西走廊至西亚、地中海）久负盛名，曾一度被认为是唯一的一条中西交流道路。之后，中外学术界和联合国教科文组织又确认，中国古代通往西方和海外的丝绸之路还包括草原丝绸之路（从黄河流域经长城以北草原地区至北亚、中亚、西亚）、海上丝绸之路（从东南地区出航南海至太平洋、印度洋各地）以及南方丝绸之路。

在这四条丝绸之路当中，南方丝绸之路形成最早。据史料考证，它的历史可以追溯到 2000 多年前。最早见于中国史籍确切记载的关于南方丝绸之路的名称是"蜀身毒道"，"蜀"即四川，"身毒"则是古印度的别称。一些重要的考古发现，如三星堆出土的海贝、象牙，大溪文化的海螺和象牙，茂汶和重庆涂山出土的琉璃珠，都不是本地所产，而是来自印度洋北部地区的南海，这些都充分证明巴蜀先民与南方世界有贸易和文化交流。汉武帝时期，张骞由北方丝绸之路出使西域直达欧洲大陆，惊异地发现连长安也殊难见到的蜀地特色产品如蜀锦、邛竹杖、苎麻夏布、铁器等，在地中海沿岸应有尽有，这也说明巴蜀到印度再到西亚早就存在一条贸易通道。

南方丝绸之路总长超过 2000 千米，起点为蜀文化中心的成都，分东夷道（五尺道）经叙府（今宜宾）、云南昭通，西夷道（灵关道）经雅州（今雅安）、邛州（今西昌）环抱而行，至云南楚雄会合而一，再向西南方经瑞丽、畹町南出缅甸，经西南亚各国而直抵欧洲地中海沿岸。此外，南方丝绸之路还包含若干条分支线路。

同北方丝绸之路一样，南方丝绸之路同样对世界文明的发展做出了巨大的贡献。在这条千年古道上，蜀地商队驱赶着驮运丝绸的马队，走出川西平原，踏上了崎岖的山间小道，翻山越岭，跨河过江，进行着最古老的中印商业贸易。

1 丝绸之路上的骆驼队
2 安边古镇五尺道
3 武侯祠三义庙

3 蜀汉兴衰：

四川三国文化的源头

三国，从公元220年曹丕以"禅让"之名夺取汉室政权到公元280年吴国灭亡，前后不过60年，仅是数千年中国历史中的一瞬间。然而，这短短的60年间，金戈铁马、三分天下、人才辈出，上演了一幕幕惊心动魄而又精彩绝伦的故事。这些故事，至今还为人们所津津乐道。众多周知，四川三国遗迹丰富，尤其是蜀汉遗迹分布广，享誉海内外，这与历史上蜀汉政权在四川的建立有很大关系。

东汉灵帝末年，刘备因起兵讨伐黄巾军有功而登上东汉末年的政治舞台。后三顾茅庐得诸葛亮辅佐，在诸葛亮的努力下，刘备和孙权达成联盟，两家于赤壁之战合力击败曹操。而后得到荆州五郡，后又夺取益州，实力大增。公元221年，刘备在成都称帝，国号汉，年号章武，史称蜀或蜀汉。从此，魏、吴、蜀三国相争，在这片广袤的大地上留下了深深的烙印，至今让人感怀当年的烽火硝烟。

公元222年，刘备伐东吴兵败，损失惨重，退回白帝城。从此一病不起，于第二年四月病逝于永

安宫。同年五月，刘禅继位，改年号为"建兴"。刘禅庸碌无能。在位前期，主要依靠诸葛亮治理国政。而诸葛亮死后，蒋琬和费祎辅政，他们遵行诸葛亮的既定方针，团结内部，又不轻易用兵，曾一度使蜀国维持着比较稳定的局面。蒋琬、费祎之后，姜维执政，多次对魏用兵无功，消耗了国力。再加上刘禅的昏庸无道、贪图享乐，致使蜀汉的根基十分薄弱，公元263年蜀汉被魏国所灭。

虽然从刘备建都到后主投降才短短42年，但四川在三国文化中的核心地位当仁不让。我们今天谈论三国时，第一个想到的仍是诸葛亮，以及丞相和他们那一帮人的故事和传说。

1 武侯祠三结义像
2 映秀中学地震遗址

1

④ 汶川：灾难后崛起的人间奇迹

　　汶川大地震虽已时隔多年，但每每谈及还是让人久久不能平静。2008 年 5 月 12 日 14 时 28 分，以汶川为震中的八级大地震突袭四川，中国大部分地区都有震感。这次地震破坏性强、波及范围广，造成的死亡和失踪人数将近十万。地震发生后，整个华夏大地，空前团结，一方有难八方支援，许许多多的故事至今读来，仍然感人至深。

　　如今在汶川老县城还能看到作为地震遗址保存下来的坍塌房屋，到处都是残垣断壁，一切都保持着原来的模样，无不在提醒着来到这里的每一个人天灾无情、热爱生命。

　　汶川是苦难的记忆，也是涅槃重生的奇迹。经过多年灾后重建，地震中损毁最严重的汶川如今已是一番新的模样。青瓦白墙的新民居依山错落而建，掩映在葱郁的山林之间，偶然遇到的人们面带微笑，处处透露出一片祥和的景色。众多的羌寨中，一座座碉楼拔地而起，青石墙上用白石砌出传统的云纹，家家户户门上挂着吉祥的羌红。漫步于汶川，你可能想象不到，几年前这里还是一片废墟。不过这里的人们因地震而造成的心灵创伤，可能还需要更久的时间去平复。

1

⑤ 四川盆地，天府之国

    以成都平原为主体的四川盆地，历来有"天府之国"的美誉。"天府"一词最早见于《周礼》，是一种官名，其"掌祖庙之守藏，与其禁令。凡国之玉镇、大宝藏器焉，若有大祭大丧，则出而陈之，既事而藏之"。可见，"天府"是专门保管国家珍宝、库藏的一种官吏，后来用以比喻自然条件优越、物产富饶的地方。

    第一次把"天府"之美名冠诸四川的，是历史上以贤智著称的诸葛亮，其在《隆中对》中说："益州险塞，沃野千里，天府之土，高祖因之以成帝业"。

① 物产丰饶的四川盆地
② 都江堰全景俯瞰
③ 优美的田园风光

其实成都平原并非自古就是"天府之国"。史前的成都平原是一片泽国，三峡被水蚀切割形成之后，巴蜀湖消失，沃土始现，丛林密布，野生动植物极为丰富。加上滔滔岷江源源不断带来优质土壤，渐渐才有了古人类活动。

四川盆地周围都是崇山峻岭，交通闭塞，古称"四塞之国"。在冷兵器时代，它具有易守难攻的特殊战略地位，因而避免了历史上很多次战争的破坏，得到了一个相对安定的社会环境。而秦代蜀郡太守李冰修建了都江堰之后，成都平原便逐渐成为沃野千里、水旱从人、不知饥馑之地。

此后历代，由于四川社会相对稳定以及都江堰自建成后一直发挥着应有的效用，使得成都平原经济持续繁荣，人民日益富庶。常常是天下饥荒四起、饿殍千里的时候，成都平原却是旱涝保收、衣食自足、生活闲适，"天府之国"的名声因此广泛传播。

6 川西高原：
四川自然与人文景观的荟萃地

由四川盆地西行，或穿越理县以西邛崃山脉的鹧鸪山垭口，或穿越康定以西大雪山脉的折多山垭口，就真正进入了川西高原。

川西高原是青藏高原东南缘和横断山脉的一部分，是青藏高原和四川盆地的过渡地带，它与成都平原以雅安的邛崃山脉为分界线，山脉以西便是川西高原。这里平均海拔在四千米以上，既有金沙江、雅砻江水系在高原上切割出的深邃大峡谷，也有岷山、巴颜喀拉山、牟尼芒起山、大雪山、雀儿山、沙鲁里山等巍峨雪峰，其中大雪山主峰贡嘎山海拔 7556 米，不仅是四川第一高峰，也是世界著名高峰。

进入川西高原，你会感受到与四川东部地区完全不同的自然与人文景观。九寨沟、黄龙、稻城亚丁、四姑娘山、新都桥、米亚罗、九曲黄河第一湾等绝美风景都位于此，还有如红原、若尔盖、毛娅坝那样的大草原任你骑马驰骋。而独特的民族风情更是使川西高原拥有无限的魅力。在川西高原，最主要的民族是康巴藏族，美丽的藏寨、独特的服饰、多彩的民风民俗吸引了世界各地的旅行爱好者。

想去川西高原赏美景，素有"中国人的景观大道"之称的川藏线是你不该错过的，一路上雪山、草原、湖泊、山脉、险滩、森林等交织在一起，构成了一道美丽的风景线。虽然沿途跨越众多高山大河，但是沿途风光的壮丽奇伟，却足以让你忽略旅途的艰辛。

链接：川西坝子位于川西吗？

川西坝子，多出现于文学作品中，实际上指的是成都平原。原因是历史上的"川西"指的是四川盆地西部边缘地带，不包括盆地再往西的高原和山地，即今天的阿坝藏族羌族自治州和甘孜藏族自治州。

川西坝子，有"小江南"的美称，因其独特的自然地理条件孕育了独特的人文景观和风俗习惯，这点在现代作家李劼人的《死水微澜》中有详尽具体的描述。

7 麻辣蜀香，百菜百味

　　提起四川，让人想到的不仅有壮美的景色，还有令人难忘的美食。常言道"食在中国，味在四川"，川菜作为中国八大菜系之一，以其独特的风味和烹饪方法，广受欢迎。无论是在影响力还是菜馆数量上，川菜均属全国第一位。宫保鸡丁、回锅肉、麻婆豆腐、鱼香肉丝等经典菜式，都是川菜中的传家宝。

　　川菜是一个历史悠久的菜系，其发源于我国古代的巴国和蜀国。据《华阳国志》记载，巴国"土植五谷，牲具六畜"，并出产鱼盐和茶蜜；蜀国则"山林泽鱼，园囿瓜果，四代节熟，靡不有焉"。当时巴国和蜀国的调味品已有卤水、岩盐、川椒、阳朴之姜。在战国时期墓地出土文物中，已有各种青铜器和陶器食具，川菜的萌芽可见一斑。

　　隋唐到五代，川菜有了较大的发展。到了两宋时期，川菜已跨越巴蜀旧疆，以独有的菜肴和饮食文化特色，先后进入当时的京都沐京（今开封）和临安（今杭州），为世人所瞩目。至清末民国初年形成菜系。在此期间，辣椒的引入为川菜带来了新的灵魂。

1 宫保鸡丁
2 种类众多的川菜佐料
3 麻辣鲜香的川味儿鱼

　　如果说鲁菜是一位高贵典雅的贵妇，淮扬菜是一位秀丽轻盈的仕女，那川菜便像是一位热情奔放的姑娘，以她火辣辣的动感和活力让人一见钟情。提起川菜，许多人首先想到的就是麻辣，其实麻辣只是川菜众多味道之一。

　　在中国的八大菜系当中，川菜一直以味多见长，可以说味是川菜的灵魂。就基础味型来说，川菜有麻、辣、甜、鲜、酸、苦、咸7种。在这7种基本味型的基础上，可在川菜烹饪过程中，运用味的主次、浓淡、多寡，调配变化出各种复合型的味道，如咸鲜味型、家常味型、麻辣味型、糊辣味型、鱼香味型、姜汁味型、怪味味型、椒麻味型、酸辣味型、红油味型等，"一菜一味，百菜百味"不只是说说而已。

8 天府四川，熊猫故乡

众多周知，大熊猫是中国特有的野生动物，世界上的大熊猫仅存在于中国西部的陕西秦岭、四川甘肃交界的岷山地区、邛崃山系、大相岭、小相岭和凉山山系六个狭长的山系。其中仅秦岭和岷山的一部分在陕西和甘肃境内，其余的大熊猫栖息地都分布于四川，四川也因此被誉为"大熊猫的故乡"。

大熊猫是一种古老的珍稀动物，诞生于距今约 300 万至 800 万年前，有"活化石"之称。100 多万年前是其家族的鼎盛时期。它们广泛分布于中国东南部地区，与剑齿象、剑齿虎等动物一起组成当时的主要动物群落。后来第四纪冰期到来，因气候条件变化，同期的动物相继灭绝，大熊猫的分布范围一缩再缩。据最近一次大熊猫调查公布的数据，中国的大熊猫总数不足 1600 只，被联合国列为世界濒危物种之首，并用大熊猫肖像作为濒危物种保护的象征。

1 贪睡的熊猫宝宝
2 可爱的大熊猫

在动物分类学上，大熊猫属于食肉目。然而，漫长岁月中，为了适应生存环境，它们改变了食性，以吃竹子为主，偶尔才会捕食竹鼠等小动物，成为一种"吃素的熊"。除了睡眠或短距离活动，大熊猫每天取食的时间长达 14 个小时。一只大熊猫每天进食 12~38 千克食物，接近其体重的 40%。

大熊猫以其特有的魅力外形、可爱的神态、有趣的动作，吸引着人们。在野外能看到大熊猫的概率非常低，通常我们只能在繁育中心或动物园看到被圈养的大熊猫。全国目前有大熊猫自然保护区 18 个，四川占 16 个。其中卧龙大熊猫自然保护区是中国三大自然保护区之一，世界野生动物保护基金会在此建有"大熊猫研究中心"。

9 美丽泼辣的川妹子

四川女性有个很家常的名字——川妹子，让人感到格外亲切。四川盛产美女，这是众所周知的事。俗语云，一笑倾人城、二笑倾人国。川妹子正有这样的特质，除了精致的五官，成都平原上的美女，皮肤出奇得白嫩。湿润的空气和终年不见阳光的天气堪称天然SPA，再加上四川人要靠辣椒来祛除湿气，而辣椒能促进体内激素分泌，既能改善皮肤状况，还能使身材保持苗条。川妹子似乎并不喜欢浓妆艳抹，不论是上班族，还是学生，基本都是轻描淡写，但天生丽质难自弃，街头几乎随处可见美女。

除了成都美女，丹巴美女也久负盛名。走进丹巴，山间田野、藏寨碉楼随处可见身着嘉绒服饰的藏族美女，她们天生的冰肌玉肤含烟凝碧，修长丰腴的体态婀娜有致，丹巴也因此有"美人谷"之称。

若说到性格，四川女性的泼辣直爽是出了名的。四川女子大都性格刚烈、直爽，看似火暴、泼辣，可实际却爱恨分明、温柔贤惠。川妹子说话做事风风火火、干练勤快，对人也热情似火。外表的柔美与内心的坚韧泼辣在川妹子身上交织出别样风情。不过值得一提的是，川妹子的泼辣其实更多是建立在美丽和能干之上的自信，她们有着不达目的誓不罢休的争强好胜。

历史上四川不乏奇女，一代才女卓文君，勇敢追求爱情，这样的姑娘，自然是美丽的。一代女皇武则天出生于广元，据历史记载，其更是美丽端庄。还有中国最早的女企业家巴寡妇清，一个早年丧夫的寡妇，凭借自己的努力成为当时的富豪。还有才女诗人薛涛、传奇女将秦良玉……

⑩浓郁的民族风情

　　四川是一个多民族聚居的地区，也是我国民族种类最多的省份之一，素有"民族走廊"之称。四川东南部以汉族为主，西北部则分布着众多的少数民族，其中以彝族、藏族、羌族等最具有代表性。

　　在四川的少数民族中，彝族人口最多，四川的凉山彝族自治州是我国最大的彝族聚居区。你可能想象不到，直到20世纪50年代，凉山彝族才结束了一千多年的奴隶制社会，跨入到现代文明社会。彝族在一千多年的奴隶制社会里，一直恪守着非常严格的等级制度，一般学术界认同的由高到低有兹莫、诺合、曲诺、啊加和呷西五个等级，凉山彝族奴隶社会博物馆对此有详细的介绍，可以前去了解他们的故事。现在我们说到凉山彝族，更多的会想到独具风情的火把节，盛大的火把节象征着这个古老民族旺盛的生命力，受到越来越多人的喜爱。

羌族被称为"云朵上的民族"，这个古老的民族主要聚居在四川省阿坝藏族羌族自治州东部（茂县、汶川、理县）和绵阳市的北川县、平武县等地。走进羌寨，一座座碎石砌筑的高大碉楼，或高踞山岭之巅，或扼交通要道之冲，或踞村寨之内外，山山岭岭，村村寨寨，无处不有，让人感到浓郁的羌族风情。除了建筑，羌族人还善刺绣。羌绣比蜀绣的色彩更加艳丽，浓艳的色彩组合而成的独特图案，仿佛述说着神秘而古老的羌族故事。值得一提的是中国第一位治水英雄大禹就是羌人，绵阳北川被认为是大禹的故乡。

川西高原上还生活着一个古老的民族，即藏族。藏族有许多分支，有康巴藏族、安多藏族、嘉绒藏族、卫藏、木雅人、扎坝人等，虽然都划归藏族，但他们的族源、语言、服饰、歌舞等又各不相同，精彩纷呈。康定情歌、茶马古道、嘉绒藏寨、独特美食……这里有太多的东西吸引着我们。

1 藏族同胞
2 桃坪羌寨
3 彝族少女

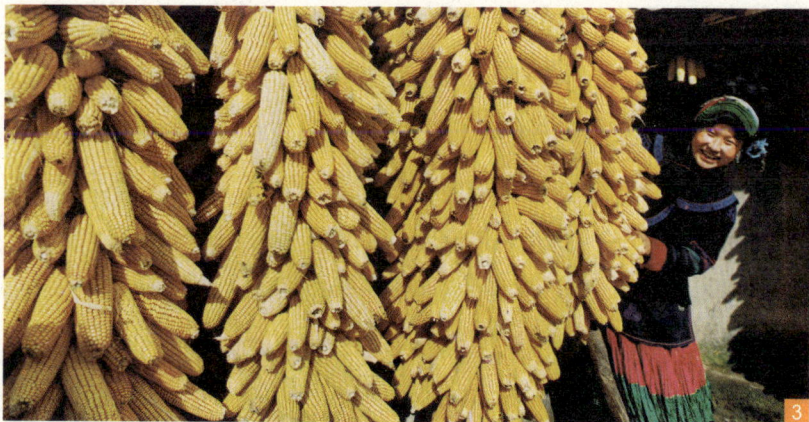

11 蜀绣：蜀地艺术瑰宝

蜀绣又称川绣，为国家级非物质文化遗产。与苏绣、湘绣、粤绣齐名，为中国四大名绣之一。同时又以其明丽清秀的色彩和精湛细腻的针法形成了自身的独特韵味，丰富程度居四大名绣之首。

蜀绣具有悠久的历史。蜀绣发源于川西平原，适宜的气候使得这里盛产丝绸，这既为蜀绣提供了刺绣原料，又为蜀绣的兴盛创造了环境。最早关于蜀绣的文字记载可追溯到西汉扬雄的《蜀都赋》，他以"丽靡螭烛，若挥锦布绣，望芒兮无幅"来描绘蜀绣美轮美奂的色彩和令人心驰的神韵。到了汉代，蜀绣更是被视为蜀中之宝，开始誉满天下。西晋《华阳国志》中将蜀绣与金银珠玉同列。到了宋代，蜀绣的发展达到鼎盛时期，绣品在工艺、产销量和精美程度上都独步天下。

人们把蜀绣的艺术风格概括为"严谨细腻的针

1 琳琅满目的蜀绣商品
2 美轮美奂的蜀绣
3 忙碌的绣女

法，淡雅清秀的色彩，优美流畅的线条，中国水墨画的格调"。蜀绣以软缎、彩丝为主要原料，其绣刺技法甚为独特，至少有100种以上精巧的针法绣技，如五彩缤纷的衣锦纹满绣、绣画合一的线条绣、精巧细腻的双面绣和晕针、纱针、点针、覆盖针等都是十分独特而精湛的技法。同时，蜀绣的技艺特点有线法平顺光亮、针脚整齐、施针严谨、掺色柔和、车拧自如、劲气生动、虚实得体，任何一件蜀绣都淋漓地展示了这些独到的技艺。蜀绣多以自然界为主题，题材多为花鸟、走兽、山水、虫鱼。

千百年来美丽智慧的绣娘们用勤劳灵巧的双手创作了一幅幅美轮美奂的蜀绣精品，它不仅蕴藏着先人的智慧和结晶，更传承了民族文化。

成都 ChengDu
一个来了就不想走的城市

独具一格的自然风光、深厚悠久的文化底蕴、香辣过瘾的小吃、慵懒闲适的生活，成都，仿佛一张柔软的沙发，仓促的步履行到此处便不禁放缓，让人明白生活究竟为何。成都，一个来了就不想走的城市。选一个阳光灿烂的日子，把时光挥霍在特色茶馆里，在氤氲的茶香中体会真正的成都慢生活。

读懂
成都

A 成都街巷的历史记忆

　　成都是一座历史文化名城，在几千年历史长河中，不仅留下了众多名胜古迹，还有众多老街巷承载着老成都人的记忆，诉说着无尽的往事。

　　四川省民俗协会副会长、巴蜀文化专家袁庭栋曾说："过去一提到成都的文化符号，人们想到的就是武侯祠、杜甫草堂。它们的确能从一个方面记录反映成都的历史，但是作为一座千年古城，成都更多更精彩的故事，其实是发生在一条条街巷之中。"

　　的确，成都最早的机械厂建在拱背桥；最早的动物园在青羊正街；最早的照相馆在桂王桥；中国最早写现代诗的叶伯和曾住在指挥街；中国早期话剧奠基人之一，曾与李叔同创作中国话剧史上第一个剧本的曾孝谷曾住在小通巷；而当年西顺城街东侧安乐寺旁边的一条小巷，曾是琼瑶小时候居住的地方。每一条街巷，都有着太多的记忆和故事。

　　成都有多少条街？清末，古老成都有 438 条街、113 条小巷。而今，成都常住人口超过千万，有 4500 多条街道，每年新建成的街道超过百条。遗憾的是，古老的 500 多条街巷多数名称还在，但是街巷上的老建筑、老符号几乎已经没有了。

现存的历史街巷多数是改造后的新貌了，其中数宽窄巷子最为有名。它是成都唯一遗留下来的清朝古街道，既有南方川西民居的特色，也有北方满蒙文化的内涵，是老成都"千年少城"城市格局和百年原真建筑格局的最后遗存，也成了北方胡同文化在成都以及在中国南方的"孤本"。

来成都，记得去寻寻那些成都的老巷子，也许明天还能看到，也许很快就看不到了。

宽窄巷子

B 悠闲慢生活才最成都

"成都，一座来了就不想离开的城市"，著名导演张艺谋曾经用这句经典名言来形容成都的悠闲慢生活。提到成都，脑海里马上就会闪现出如下词语：悠闲、安逸、慢。悠闲的慢生活已然成为这座城市的名片。

没有到过成都，不知道成都人的生活悠闲到哪个程度，只有在置身于这个城市后，你才会真正理解这种悠闲自得。成都是一个下了飞机就能听到麻将声的地方，是一个满大街都是茶馆的城市，所以龙门阵、盖碗茶、麻将声成了大多数人对成都的最初印象。

"上天入地，古今中外，东长西短，七嘴八舌，麻麻咋咋，无话找话"，这叫"摆龙门阵"；"翻江倒海，春去秋来，碰和吃杠，赢来输往"，这叫"打麻将"。成都人最爱的就是喝茶、摆龙门阵、搓牌"三合一"。几圈下来，天色正晚，大方的赢家会请牌友去"苍蝇馆子"吃

相关：小爽爽

在成都，静坐茶馆闲聊，或是路边悠然信步，都会时常听到一阵清脆的"哒啷"颤抖声，听到这特有的、招牌式的、专属性的颤抖声，熟悉成都的人，都知道那是掏耳朵的师傅在向你发出信号，听得你耳朵一阵痒痒。

老成都人管掏耳朵叫"小爽爽"，民间更是流传着这么一句话："来成都不泡茶馆等于白去，泡茶馆不挖耳朵等于没来"，虽说有些夸张，但这足以证明成都人对"小爽爽"的钟爱。

四川掏耳朵乃是中华一绝，与扬州三把刀并列传统民间绝技之一。这项在我们看来可以忽略不计的小事在成都可是一件享受生活的惬意之事。来成都的话不妨体验一下。宽窄巷子、锦里、人民公园都是享受掏耳朵的好去处，其中人民公园的鹤鸣茶馆是成都最老的传统茶馆之一，掏耳朵已经成为这里的一个旅游体验项目。需要注意的是掏耳朵一般二三十元即可，若是洗耳朵则要 100 元左右了。

饭。从下午到晚上，不过几十块钱的事，绝大多数市民能坦然消受，毫无负担地乐此不疲。成都人的生活就是这样"巴适"。

茶文化是成都悠闲慢生活的重要部分。有人说，成都是个泡在茶水里的城市，此话当真不假。街头巷尾号称正规军的茶楼比比皆是，而在幽幽深深的竹林里、曲曲弯弯的小河边，几十张竹椅一围的露天茶园更是成了成都的一道胜景。茶馆中演绎的便是成都的日常百态。

在夏日慵懒的午后，在锦江边或是在露天的老茶馆，躺进梧桐掩映的竹椅，泡上一杯盖碗茶，桌上有本喜爱的闲书，有心就翻翻，无心就眯着眼小睡一会儿。或是邀三五良朋，桌上摆满瓜子花生，或打牌，或聊天儿，或发呆，哪一种情怀都是那么让人惬意。此刻，慢城的生活正向你走来。

1 露天茶馆的茶艺表演
2 掏耳朵小铺
2 乐享成都慢生活

C 舌尖上的成都

说起成都，必谈其美食，称之为吃货天堂，绝不为过。

成都饮食可谓食不厌精，许多大名鼎鼎的川菜都是源于成都，如麻婆豆腐、回锅肉、宫保鸡丁、鱼香肉丝、夫妻肺片、蚂蚁上树、泉水豆花等，现在都已经成为世界食客耳熟能详的菜肴。

除了著名的成都川菜，成都还有众多深受喜爱的小吃。从各色小面到抄手包饺；从糕饼汤团到筵席细点；从凉拌冷食到热饮羹汤；从锅煎油烙到蒸煮烘烤，堪称花色品种琳琅满目，甜咸酸辣各味俱全，三大炮、担担面、钟水饺、龙抄手、棒棒鸡……数不胜数。

成都小吃供应方式灵活，十分方便食客。街头巷尾、中心闹市，或摆摊、或挑担、或提篮、或开店。不管刮风下雨还是烈日当空，也不管数九寒天还是三伏酷暑，一年四季，从早到晚，那叫卖声、梆子声，那

1

1 有趣的三大炮制作现场
2 漫步锦里寻美食
3 宽窄巷子小吃
4 夜晚热闹的成都街头
5 灯火阑珊的锦里

四散的香味，总是吸引着路人停下脚步，不由自主地去品尝。

锦里、宽窄巷子等地人流如织，各家小吃为了以观感打动游客，尤重其色。红的辣椒、青的香葱、黄的生姜、白的蒜瓣、黑的豆豉，五彩缤纷，惹人垂涎。味道虽不及人气小馆来得地道，但应付游客已经绰绰有余。

想要体验真正的成都生活，你可以在凌晨时分逛下成都的夜宵摊。若是跟成都的朋友聊天儿，他会骄傲地告诉你，"凌晨1、2点，我们的美食街堵车那是经常现象"。的确，每当深夜来到街头，满大街的排档、小馆子里坐满了人。来两盘毛豆和花生，慢慢剥来吃。可以喝碗清稀饭，也能撩起膀子吹几瓶"雪花"，这是成都人享受生活的方式之一。

链接：成都"鬼饮食"

成都人把二更时开始出现于街头巷尾，半夜还在经营或通宵经营的饮食店或饮食摊称作"鬼饮食"，此种说法最早见于写《死水微澜》的本土作家李劼人的笔下。

成都人爱夜晚，夜晚的悠闲、凉爽、朦胧和喧哗退去后的相对宁静，似乎更适合成都人平和闲散的性格。对于天下第一好吃的成都人，夜晚怎能没有美味佳肴呢？"鬼饮食"于是应运而生。昔日叫作"鬼饮食"的成都夜小吃，人气之旺，把悠悠闲闲的成都之夜，闹得满城生香。

吃过成都夜食的人，几乎没有不流连忘返的。浸润心中的不仅是美食给予的舌尖享受，更多的是其诠释着成都人热爱生活的人生态度。

成都
8 种极致体验

追寻文人的脚步 / 品美食赏变脸两不误 / 悠游成都寻美食 / 文艺青年的慵懒惬意慢时光 / 看国宝大熊猫 /
拜水都江堰，问道青城山 / 漫步古镇 / 冰火两重天

① 追寻文人的脚步

诸葛亮、杜甫、薛涛……成都留下了众多文人的足迹，让我们追寻他们的脚步，去了解那些诗词文章背后，他们真实的一生。

武侯祠

地址：成都市武侯祠大街 231 号
交通：市区乘坐 1 路、57 路等公交车在武侯祠站下车即可
门票：60 元
开放时间：8:00~18:00
电话：028-85552397
官网：www.wuhouci.net.cn

"丞相祠堂何处寻？锦官城外柏森森。"想体会杜甫《蜀相》诗里的清幽意境，就非武侯祠莫属了。武侯祠是成都著名的人文景观，千百年来无数文人到此拜访，或追忆先主，或瞻仰武侯。

武侯祠是中国唯一一座君臣合祀祠庙，也是全国影响最大的三国遗迹博物馆。武侯祠文物区主要由惠陵、汉昭烈庙、武侯祠、三义庙等组成，其中主体建筑武侯祠分大门、二门、刘备殿、过厅、诸葛亮殿、三

武侯祠

义庙六重，严格排列在从南到北的一条中轴线上。

大门旁的浓荫丛中，矗立着六通石碑，其中最大的一通唐代"蜀汉丞相诸葛武侯祠堂碑"，是由唐代著名宰相裴度撰碑文、书法家柳公绰书写、名匠鲁建刻字，因此被称为三绝碑，具有很高的文物价值。碑文对诸葛亮的一生，做了重点褒评，并以此激励唐代的执政者。刘备殿和诸葛亮殿中供奉刘备、诸葛亮等蜀汉英雄的塑像。最有意思的是赵云被塑成了慈眉善目的文官形象。惠陵中安葬着刘备和他的两位夫人，距今已有 1780 多年。

喜欢自然景观的话可以选择去武侯祠的园林区，它是西南地区唯一的北方陵园建筑群。园内有成都最大的红豆林及多种古树，环境清幽。此外，武侯祠毗邻锦里，可以一并游玩，"拜武侯，泡锦里"已成成都旅游的一张名片。春节期间的武侯祠号称是成都年味儿最浓的地方。从腊月二十八开始，一直持续到正月十五的武侯祠大庙会，每天都是人潮涌动，锣鼓喧天。若此时来成都，一定不要错过。

杜甫草堂

地址：成都市青羊区青华路 37 号
交通：乘地铁 4 号线至草堂北路站
门票：60 元
开放时间：夏季 8:00~18:30，冬季 8:00~18:00
电话：028-68921800
官网：www.cddfct.com

杜甫可以说是我们最熟悉的唐代大诗人之一了。"安得广厦千万间，大庇天下寒士俱欢颜"的忧国忧民的思绪就发生在成都的杜甫草堂。

杜甫草堂是大诗人杜甫为躲避安史之乱时在成都的故居。诗人杜甫于公元 759 年移居成都，历时 3 年 9 个月，在此作诗 240 余首，其名篇《茅屋为秋风所破歌》即居草堂之作，这里因此被视为中国文学史上的"圣地"。不过现存杜甫草堂是经宋、元、明、清多次修复而成的具有清代建筑风格的中国古

1 竹林掩映下的杜甫草堂
2 望江楼公园薛涛像

1

典园林，与杜甫诗中所描写的小茅屋相差甚远。

从正门进入草堂后，大廨、诗史堂、工部祠三座主要建筑物由南至北依次排列于中轴线上。工部祠的东北部，是少陵碑亭和大诗人当年的茅屋故居，茅屋以东是盆景园，往南依次是浣花祠、花径、大雅堂和靠近南门的草堂陈列室。

如果只把杜甫草堂当一个公园来逛，你会发现这里除了绿树环抱的清幽环境和仿造的茅屋以外，没有太多看点。但如果你认真去品味其中蕴藏的文化，你会觉得时间仿佛倒溯，亭台楼阁、茅屋花径，都在向我们讲述一个诗圣的世界。

望江楼公园

地址：成都市武侯区望江路 300 号
交通：市内乘 3 路、332 路等公交车至三官堂站
门票：文物区 20 元，开放区免费
开放时间：文物区 8:00~18:00，开放区 6:00~21:00
电话：028-85223389
官网：www.wangjianglou.com

望江楼公园主要建筑有崇丽阁、濯锦楼、浣笺亭、五云仙馆、流杯池和泉香榭等，是明清两代为纪念唐代女诗人薛涛而建。自建成后，"望江楼上望江流"便成了文人骚客到成都必不可少的活动。

因薛涛爱竹，后人在园内遍栽各类佳竹，荟萃了国内外 200 余种竹子，如今公园大部分面积都被竹林覆盖，成了全国最大的竹类公园。清幽的竹林为当地人提供了打牌、下棋、喝茶的好去处，老成都的慢生活在这里悠然展现。

1 望江楼公园
2 李劼人雕塑
3 李劼人故居

整个公园的精华在文物区。最华美的阁楼要数崇丽阁；薛涛井是众多游客到此会探身一望的景点；还有薛涛纪念馆可深入了解其生平及作品，该馆出售仿制的薛涛笺。此外，园内还有薛涛墓冢，墓碑题有"唐女校书薛洪度墓"。

链接：浣花溪边薛涛笺

薛涛在后世的名气比起同在成都居住过的杜甫要小很多，但薛涛在成都生活了一辈子，是真正属于成都的诗人。

薛涛原籍长安（今陕西西安），幼时因父亲薛郧做官而来到蜀地。据《名媛诗归》说："涛八九岁知音律，其父一日坐庭中，指井梧示之曰：'庭除一古桐，耸干入云中'令涛续之，即应声曰'枝迎南北鸟，叶送往来风'。父愀然久之。"可见其才思之敏捷。其父闻后，除了讶异她的才华，更觉得这是不祥之兆，恐其女今后沦为迎来送往的风尘女子。薛涛早年丧父，十六岁的她迫于生计入乐籍，二十岁时为自己赎了身。

薛涛作为唐代最著名的女诗人，是十一任四川节度使的座上宾，更因一次酒宴中的即席赋诗，让韦皋对她青睐有加。韦皋还曾拟奏请朝廷授以她秘书省校书郎的官衔，格于旧例，未能实现，但"女校书"的雅号却从此流传。王建《寄蜀中薛涛校书》诗称道："万里桥边女校书，枇杷花里闭门居。扫眉才子知多少，管领春风总不如。"

后来薛涛因得罪了韦皋被发配松州（今四川省松潘县），被罚赴边回后，即退隐于成都西郊之浣花溪畔，自雇工匠办起里造纸工坊。当时四川纸张较粗糙，且色泽单调，薛涛研制了一种粉色的笺纸，采用乐山产的胭脂木染色，上有雅致的松花纹路，专用于誊写自己的诗作，以及与人书信往来，一时仿制者众，人称"薛涛笺"。

李劫人故居

地址：成都市菱窠西路 70 号
交通：市内乘坐 12 路、47 路、79 路等公交车至川师北大门
门票：免费
开放时间：9:00~17:00
电话：028-84674119
官网：www.ljrgj.com

有很多人，包括成都本地人，对李劫人都不熟悉。其实李劫人是我国乃至世界近现代史上著名的文学家，他被誉为"成都真正的历史家""川西民俗的百科全书"。

读李劫人便是读老成都。李劫人的文学作品多以描写成都市井生活和文化风俗为主，在其作品中，我们可以找到很多老成都的影子。巴金曾感慨："只有他才是成都的历史家，过去的成都都活在他的笔下。"

走出川师大狮子山校区北门，有条不长的马路，名叫劫人路。它将一条与之相交的马路分为菱窠西路和菱窠东路。李劫人的故居，就在菱窠西路一个不起眼的小巷中。"菱窠"，是李劫人故居的名字。与周围朝气蓬勃、热闹非凡的大学相比，李劫人故居显得古朴而静谧，仁立在由白墙青瓦围成的小巷尽头。故居现辟有李劫人生平事迹展厅、李劫人珍藏书画及手稿展、纪录片《李劫人》等，是了解李劫人生平的好去处。

❷品美食赏变脸两不误

白天观赏蜀地风光，晚上或是品尝各式川味火锅，或是在茶馆内点一杯清茶、几道小吃，再加上地道的川剧，绝对巴适。

大妙火锅

地址：成都市武侯区武侯祠大街 231 号锦里二期 2、3 号院
交通：市内乘 126 环路、115 路等公交车至芳邻路站下车，步行可到
人均：150 元
开放时间：10:00~22:30
电话：028-85591111

大妙火锅是目前成都人气比较旺的火锅店，装修古色古香，较好地体现了老成都的茶馆文化和三国文化。大妙火锅菜单很新奇，用的是竹筒而非纸质，酒水单也是绸缎制造的。

大妙火锅有在成都主流的红锅以及照顾不同口味的人通用的鸳鸯锅，红锅味道其实也不算辣，不过的确比较麻。若吃不来花椒麻麻感觉建议选择鸳鸯锅。火锅味道很好，那一锅醇厚的汤煮着川味的麻辣浓香，随意搭上菜品都美味到极致。

在成都众多火锅店中能脱颖而出，与其卖点一边吃火锅一边看川剧不无关系。不过这里的川剧只有晚上七点至八点的两轮演出，并且需提前预定。演出开始后，喧嚣的锣鼓声，配上热气腾腾的火锅，演得是淋漓尽致，吃得是热火朝天，然后你会明白只有火锅与川剧才是绝配。

顺兴老茶馆

地址：成都市金牛区沙弯路 258 号成都国际会展中心 3 楼
交通：市内乘 56 路、101 路等公交车至会展中心站下车，步行可达
开放时间：10:30-21:00
电话：028-87693203

在成都著名的顺兴老茶馆，还没入夜便要提前订位。这里久负盛名之处在于，偌大的空间里不仅可以吃茶品成都小吃，还能观赏到最原汁原味的川剧。

顺兴老茶馆面积三千多平方米，据说是聘请了许多资深茶文化专家、古建筑专家和著名民间艺人，以成都历代著名茶馆、茶楼风范为蓝本构建而成。老茶馆极具蜀韵，典型的明清建筑。

茶馆内高 3 米、长 91 米的浮雕，由中国著名雕塑家朱成生先生历时半年倾心创意设计，精辟再现临江古镇景观、市井院落风貌、老茶馆风俗特写、旧时水井诸像等川西民风民俗和建筑艺术，堪称西蜀现代《清明上河图》，极具观赏价值。

除了精彩的川剧表演，这里也是老成都的名小吃城，当然，最闻名的是它的盖碗茶，干净的盖碗，飘香的川绿，坐下，就融入了成都。

3 悠游成都寻美食

去成都最不能绕过的就是美食，无论是成都本地人，还是远道而来的游客，谈起成都的美食，个个都津津乐道。春熙路、宽窄巷子、锦里都是成都寻美食的好地方，还可以边吃边逛，乐趣十足。

春熙路

地址：成都市锦江区，天府广场以东约 1 千米处
交通：乘坐地铁 2 号线在春熙路站下车，D 口出
门票：免费
开放时间：全天开放

春熙路得名于老子《道德经》中"众人熙熙，如享太牢，如登春台"的典故。它不仅仅是一条街，而是指东大街以北，南新街、中新街、北新街以东，总府路以南，红星路以西的范围及临街区域，主街的交会处是著名的中山广场，屹立着孙中山铜像。外地人来到成都，如果不逛逛春熙路，就好比到北京不去王府井，到上海不到南京路一样。

春熙路是一条历史悠久，热闹繁华的商业街，是本地白领偏爱的购物地点，不过外地游客多来这里闲逛寻美食、看美女。

春熙路街道两边美味小吃店云集，钟水饺、赖汤圆、韩包子、龙抄手等名吃在春熙路上都有分店，同时也有众多咖啡厅、茶馆等。并且春熙路的美食价格指数和美味指数的对比绝对让你在大饱口福的同时，丝毫不担心钱包的迅速缩水。

宽窄巷子

地址：成都市青羊区同仁路以东长顺街以西
交通：乘地铁 2 号线在人民公园站下车，D1 口出站后向北步行可达
门票：免费
开放时间：全天开放
电话：028-86259233
官网：www.kzxz.com.cn

宽窄巷子是成都唯一遗留下来的清朝古街道，由宽巷子、窄巷子和井巷子三条平行排列的城市老式街道及其之间的四合院群落组成。悠游闲逛体味成都慢

1 灯火璀璨的春熙路
2 钟水饺
3 宽窄巷子古街道

生活、品尝成都众多美食，宽窄巷子再适合不过。

地道的小吃，精致的大菜，豪华的大餐，异国风味的西餐……宽窄巷子简直就像万国美食博览会。宽窄巷子的神奇之处就在于，贵贱同台，一元一支的烧烤同场 PK 售价不菲的鲍鱼花胶，完全不输场。你可以站在路边随口叫上一份三大炮，有吃有看，乐趣十足。也可以在私家会所包下整个红酒窖，来场奢华派对。随性随情，自由自在，才是宽窄美食精神的关键所在。

锦里

地址：成都市武侯区武侯祠大街 231 号附 1 号
交通：市内乘坐 1 路、57 路等公交车在武侯祠站下车
门票：免费
开放时间：全天开放
电话：028-66311313
官网：www.cdjinli.com

锦里古街与武侯祠仅一墙之隔。一般都会在游玩武侯祠后，来锦里古街逛一逛。锦里由一大片清末建筑风格的仿古建筑组成，是西蜀历史上最古老、最具有商业气息的街道。推荐晚上前往，夜幕下红灯笼亮起后的锦里具有别样之美。

美食是这里永恒的主题，锦里是成都最具代表性的美食中心之一，各种川式小吃让人眼花缭乱。到这里几乎可以尝遍成都美食，张飞牛肉、豆花、三大炮、钵钵鸡等应有尽有，只恨自己的肚子不够大。

品尝美食的同时还可以欣赏街道两边售卖的物品，弹弓、糖人、藏饰、泥人张等都颇具特色，很多还是老成都艺人当场制作的，观看起来让人惊叹不已。锦里古街也是观赏川剧变脸的好地方，可以找个小茶馆坐下来细细欣赏一番。

4 文艺青年的慵懒惬意慢时光

成都是座慢悠悠的城市，慵懒，闲适，才是这里的真性情。与之相对应的是这里有众多文艺范儿十足的地方，吸引了越来越多年轻人来此享受成都慵懒惬意慢时光。

小通巷

地址：成都市青羊区小通巷
交通：乘坐公交 340 路至中同仁路站下车，沿着中同仁路往南步行可到
门票：免费
开放时间：全天开放

提到成都的文艺范儿，大多数人都会想到小通巷。一幢幢灰色的老式楼房，构成了这条街最主要的底色。临街一楼那些绿树红花里，隐藏着许多个性十足的小店。漫步其间，每一步都会发现一些或大或小的惊喜，悠闲恬淡的样子恍如置身于阳朔西街。成都人的精致和浪漫，在这里淋漓尽致地展现出来。

小通巷是成都众多"慢生活"的小巷之一，曾经有媒体用"原生态"来形容过小通巷。的确，来到这里你会发现，很多店到下午都没有开门，懒懒散散的样子。小通巷完全没有宽窄巷子的人来人往，年轻人喜欢在这里看书、喝茶，或发会儿呆。相信你也会喜欢这里，喜欢这一份与繁华隔绝的岁月静好。

东郊记忆

地址：成都市成华区建设南支路 4 号
交通：市内乘 342 路、180 路等公交车至东郊记忆北大门站下车
门票：免费
开放时间：全天开放
电话：028-84383110
官网：www.eastcd.com

东郊记忆原名东区音乐公园，是由原成都红光电子管厂改造而成。红光电子管厂部署编号为 773厂，和北京 798 是兄弟单位，曾有"北有首钢，南有红光"的美誉。曾经的红砖厂，现在的新锐艺术

展览地；曾经的锅炉房，现在的音乐酒吧；曾经的苏联援建办公楼，现在的咖啡店和酒店，一处处形成了强烈的对比，怀旧意味浓郁，再加上这里强烈的艺术氛围，吸引了众多文艺青年的前来。

火车迷可以去火车头广场大饱眼福，艺术迷可以去欣赏各类画展，话剧迷可别错过空间剧场的本土小话剧。不过这里的主题是音乐，每天都有现场演出。想象一下，前苏联援建的办公楼、满载记忆的红砖厂房、高大的梧桐树、现场音乐会集合在一起是怎样美好的情形。此外，这里还有众多特色餐饮店、酒吧和书店。

链接：成都最具文艺情怀的小巷

1. 芳邻路：最婉约；2. 小通巷：最淡雅；3. 崇德里：最有历史感；4. 支矶石街：最生活；5. 泡桐树街：最情调；6. 白玉巷：最袖珍。

⑤ 看国宝大熊猫

可不是哪里都能看到可爱的大熊猫的，所以来成都游玩，看国宝大熊猫，自然是必选项目之一。只有亲眼见过大熊猫你才知道，谁才是呆萌系的掌门人。

成都大熊猫繁育研究基地

地址：成都市成华区外北三环熊猫大道 1375 号
交通：武侯祠有直达熊猫基地的班车，8:30~15:30，每半个小时一班
门票：58 元
开放时间：7:30~18:00
电话：028-83510033
官网：www.panda.org.cn

成都大熊猫繁育研究基地是为保护大熊猫而修建的保护基地，在基地可以近距离观看憨态可掬的熊猫，这里被誉为"与国宝亲密接触的最佳旅游目的地"。

基地设有众多"熊猫别墅"，内有露天园子和室内休息室，天气凉爽时大熊猫会在园子内玩耍，游人可以隔着栏杆观赏萌萌的大熊猫；天气炎热时，大熊猫就躲在开着空调的休息室内，这时候就只能隔着

玻璃观看了。基地最吸引人的还要数月亮产房，这里的熊猫宝宝常常萌化游人。

看大熊猫最好的时候是在上午9点半之前，尤其是炎热的夏季，一旦接近中午，熊猫们就会躲进凉爽的休息室呼呼大睡。建议进入景区后乘坐观光车到达月亮产房，然后步行往回走进行游览。除了可爱的大熊猫，基地还有一个人工的天鹅湖，湖内有超多硕大的锦鲤，还有很多黑天鹅，也值得一去。

熊猫谷

地址：成都市都江堰市玉堂镇白马村
交通：在都江堰客运中心有发往熊猫谷的大巴，车程约 20~30 分钟
门票：58 元
开放时间：8:30~17:00
电话：028-87296600

熊猫谷是成都大熊猫基地都江堰野放中心，这里的大熊猫都是准备放归山林的。大熊猫入驻后，将接受圈养大熊猫野化过渡训练，然后接受评估是否适合放归自然。

熊猫谷的熊猫大多都处在幼年期，并且数量不多。这里人比较少，熊猫谷内绿化很好，到处生机勃勃，很适合亲子游。

1 熊猫谷
2 都江堰安澜桥

1

6 拜水都江堰，问道青城山

　　都江堰是举世闻名的中国古代水利工程，因水而受到人们的膜拜。青城山历史悠久，是中国道教发祥地之一，享有"青城天下幽"的美誉。一山一水，一动一静，一清透一厚重，如此两处美景，怎能错过？

都江堰

地址：成都市都江堰市城西公园路
交通：乘都江堰市 4 路、7 路公交车在离堆公园站下车，步行约 500 米即可达都江堰景区
门票：90 元
开放时间：冬季 8:00~17:30，其他季节 8:00~18:00
电话：028-87120836

　　著名文化学者余秋雨曾说过："我以为，中国历史上最激动人心的工程不是长城，而是都江堰。"

　　都江堰是两千多年前由秦国蜀郡太守李冰修建的，它虽然没有长江三峡的磅礴气势，却润物细无声，成就了"天府之国"的美誉。它也是

世界上现存最古老，以无坝引水为特征，迄今仍在恩泽川蜀大地的一项伟大水利工程。

都江堰渠首主体工程修建在岷江出山口处。这里群山环抱，大江中流，气势恢宏，景色绝佳。主要由鱼嘴分水堤、飞沙堰溢洪道、宝瓶口引水口三大主体工程和百丈堤、人字堤等附属工程构成，解决了江水自动分流、自动排沙、控制进水流量等问题，消除了岷江水患。

水利工程周边景色秀丽，文物古迹众多，主要景点有伏龙观、二王庙、安澜索桥、玉垒山公园等。二王庙中介绍了李冰父子治水的丰功伟绩和他们所留下来的治水三字经"深淘滩、低作堰"、八字诀"遇弯截角、逢正抽心"。微缩的都江堰景观沙盘让人直观地了解这项工程的全貌。

如果对水利工程非常有兴趣，除了请导游陪同讲解，还可以去看一场大型实景节目——《道解都江

链接：都江堰治水之道

传说，上古尧在位时，世上洪水泛滥。尧派鲧治水，鲧采用"堵"的办法，刚开始是奏效的，可后来洪水翻过了阻隔，继续肆虐。鲧治水失败，禹继承父志，采用"疏"的办法，终于治水成功。

同样，两千多年前，面对奔腾咆哮的岷江水，李冰并没有使用高闸大坝把江水硬性抵挡，而是顺势引水化为己用，它的创建是以不破坏环境，充分利用自然资源为人类服务为前提，变害为利。"因势利导、顺势而为""天人合一""道法自然"，都江堰水利工程体现出来的治水哲学思想和经验，尤其值得思考和借鉴。

初建的水利工程由百丈堤、都江鱼嘴、内金刚堤、外金刚堤、飞沙堰、宝瓶口、人字堤等组成，这些工程的位置、高低、方向、角度等的布置，与岷江江势、两岸的山势以及不同季节上游河道的来水来沙等条件相互结合，共同组成一个完善的整体，达到巧妙引水、分水、泄洪、排沙等目的，历千年而不衰。与平均寿命50年的现代大坝相比，都江堰足以证明"疏导治水"理念的成功。

堰》。此外，都江堰旁的夏夜啤酒、烧烤一直为游人津津乐道，都江堰河风轻拂，江水滔滔，沿江到处都是夏夜喝啤酒的佳处。就着烧烤喝着啤酒，再来碗清清凉凉的冰粉，都江堰之行绝对美好而难忘。

青城山

地址：成都市都江堰市西南部青城山镇
交通：成都新南门客运站和成都火车北站有车开往青城山，出站后乘坐公交 101 路可直达青城山景区
门票：前山 90 元、后山 20 元
开放时间：冬季 8:00~17:30；其他季节 8:00~18:00
电话：028-87220412

青城山是中国著名的道教名山，中国道教的发源地之一，自东汉以来历经两千多年。东汉顺帝汉安二年（公元 143 年），"天师"张陵来到青城山，选中青城山的深幽涵碧，结茅传道，青城山遂成为道教的发祥地，被道教列为"第五洞天"。直到今天，山上建福宫、上清宫、祖师殿、老君阁、朝阳洞等数十座道教宫观至今保存完好，与山间遮天蔽日的古树一起，见证着两千多年的风霜岁月。

自古以来，人们以"幽"字来概括青城山的特色。杜甫有诗云"自为青城客，不唾青城地。为爱丈人山，丹梯近幽意"，极赞青城山的幽静。青城山空翠四合，峰峦、溪谷、宫观皆掩映于繁茂苍翠的林木之中，夏季前来避暑再合适不过。青城山分前、后山。前山是青城山风景名胜区的主体部分，也是一般游客口中的"青城山"，道教文化、文物古迹多集中在这里。后山以自然风光取胜，是度假休闲的好去处。

青城山山门外的建福宫建于唐代,最大的看点是宫内悬挂的一副394字的长对联。沿着山门进入后,经滴翠亭、天然阁,到怡乐窝就分成两条线路:一条是左边的步道,可步行上山;右边则是去往月城湖,乘坐渡船到对岸再乘坐索道,可直达上清宫,与步道会合。建议步行上山,然后乘坐索道下山,可体会游山的乐趣。

上清宫是青城山里位置最高的道观,宫内有老君殿、三清殿、文武殿和道德经堂,香火旺盛,大多数游人至此都会烧香祈福。宫门口有观日亭,适合观赏日出。游玩结束,原路下山,从上清宫前行不远即达索道上站。一天游玩过后,还可以到青城山脚下泡个温泉,消除一天的疲惫。

1 上清宫
2 幽静的黄龙溪古镇
3 黄龙溪古镇西寨门

1

7 漫步古镇

如果你喜欢接触传统的风土人情、民居建筑，那么古镇无疑是最佳的旅行选择。成都有众多古镇，等着你去品味。漫步古镇，于曲曲弯弯悠长的青石板路上，静静聆听千百年间这里所发生的如烟往事。

黄龙溪古镇

地址：成都市双流区黄龙溪镇
交通：成都新南门汽车站及成都茶店子汽车站有直达黄龙溪古镇景区的旅游车
门票：免费
开放时间：全天开放
电话：028-85696929
官网：www.hlxh.gov.cn

黄龙溪古镇位于两条河流的交汇处，颇有"水乡"风味。一条溪水穿城而过，两岸是青石铺就的路面。路两边多为明清建筑，傍水而筑，木柱青瓦的楼阁房舍，镂刻精美的栏杆，宁静古朴。全镇由一湖、两河、六寺、七街、九巷组成，古镇上还有 6 棵树龄在 300 年以上的黄桷树，枝繁叶茂、遮天蔽日。

虽然黄龙溪古镇有"中国火龙之乡"的美誉，但也只有在每年正月初二至十五才能看到场面恢宏的"烧火龙"活动。不过镇上的小吃可是美味得出名，珍珠豆花、芝麻糕等遍街都是，最有名的招牌小吃是"一根面"，即一碗面只有一根，面条滑爽劲道，一定不要错过。

夏天的黄龙溪古镇最为热闹，因为这是一个可以玩水的古镇。贯穿古镇的溪流又清又凉，大人小孩儿都喜欢下去玩水打水仗，一派欢乐嬉闹的场景。你也可以选择泛舟水上，无论是观光船，还是刺激的快艇，都能让你乐趣无穷。

洛带古镇

地址：成都市龙泉驿区洛带镇
交通：成都新南门汽车站有班车直达洛带古镇
门票：免费
开放时间：全天开放
电话：028-84893693
官网：www.luodai.gov.cn

洛带古镇是中国西部最大、保存最完好的客家古镇，有"天下客家第一镇"的美誉。镇内85%以上均属客家人，是四川客家聚集区的典型代表。

镇内千年老街、客家民居保存完好，老街呈"一街七巷子"格局，街道两边商铺林立。镇内的四大会馆（广东会馆、江西会馆、湖广会馆、川北会馆）和客家博物馆是了解客家人历史、生活变迁的好去处。

现在的洛带已经是个非常商业化的小镇，白天

1 洛带古镇江西会馆
2 洛带古镇老街

你可以像许多成都市民那样品尝当地的小吃，在临街的茶馆内喝茶、搓麻将，顺便感受下客家文化。吃完晚饭，在古镇散步，尽享其静谧。不要忘了品尝洛带古镇最著名的美食——伤心凉粉，所谓伤心，其实是说吃的人会被辣得泪水都流出来，像极了伤心的样子。此外，春节期间的火龙节和7~8月份的水龙节，是洛带最热闹的时候。

安仁古镇

地址：成都市大邑县安仁镇
交通：石羊场车站、成都新南门车站、茶店子车站每天都有班车直达安仁古镇，大邑县可以乘坐公交 11 路直达安仁古镇
门票：古镇免费，刘氏庄园 40 元，建川博物馆聚落 100 元
开放时间：古镇全天开放，刘氏庄园 9:00~17:30，建川博物馆聚落 9:00~17:30
电话：028-88319116
官网：www.anrentown.com

在四川西部，没有哪一个古镇像安仁这样，拥有一块堪称辉煌的牌子——中国博物馆小镇。古镇中有保存完好的刘氏庄园，有中国最大的民间博物馆聚落，还集中了十几座民国时期的老公馆，"百年

安仁，馆藏中国"的口号不是随便叫的。

刘氏庄园是由刘文彩及其兄弟陆续修建的五座公馆和刘氏家族的一处祖居构成。庄园占地总面积7万余平方米，有房屋共545间，是目前国内规模最大、富丽堂皇、中西合璧式的近代地主庄园建筑群。

建川博物馆是安仁古镇的另一处亮点。25座开放场馆和周围的雕塑、茶馆、广场等构成了一个宏大的聚落，拥有藏品800余万件，其中国家一级文物404件，是目前国内民间资本投入最多、建设规模和展览面积最大、收藏内容最丰富的民间博物馆。

安仁老街主要是指古镇中心的树人街、裕民街和红星街，这里集中了14座建于民国时期的老公馆，其中一些公馆被改建为各种特色博物馆，其中也有崔永元的"电影传奇馆"。也有一些老公馆被改建成各种茶馆、画廊、书店等场所，不定期会有画展、诗歌朗诵会等活动。

1 富丽堂皇的刘氏庄园
2 西岭雪山美景

8 冰火两重天

阳光灿烂的冬日，穿上五彩的滑雪衫，在一望无际的雪场尽情驰骋，再没有比这更惬意的事了。而滑完雪可以再去泡个温泉，享受真正的冰火两重天。

西岭雪山

地址：成都市大邑县西岭镇

交通：成都新南门汽车站每天有一班车发往西岭雪山。此外，只能从成都乘车先到大邑县客运中心，再转车到西岭雪山

门票：滑雪场景区 120 元；鸳鸯池索道往返 120 元；日月坪索道往返 120 元；大飞水景区 30 元

开放时间：9:00~17:30

电话：028-88309080

官网：www.xiling.cn

西岭雪山因杜甫的"窗含西岭千秋雪，门泊东吴万里船"的名句而得名，是距离成都市区最近的雪山。现在的西岭雪山已经发展成为南国冰雪乐园，众多游人慕名前来滑雪。

西岭雪山滑雪场是中国西南部最大、设施最好的天然滑雪场。滑雪场设计和开辟了多条初、中、高级滑雪道，满足不同滑雪技术的游人。若是不会滑雪也没有关系，除了可以找个教练指导，你也可以选择旱地雪橇、雪上飞碟、马拉雪橇、雪地摩托等雪场游乐项目。从滑雪场还可以乘坐索道上日月坪，徒步欣赏山顶风光。

阅读：神奇的阴阳界

阴阳界是日月坪景区中最值得一看的景点，大自然的鬼斧神工造就了这一奇特的景观。有诗云："放眼白沙天不平，阴阳两界自分明。岗南万里晴空色，岗北浓云欲压城。"

阴阳界位于白沙岗一带，是一条仅能容两人并肩行走的狭长山脊，脊顶仅2米宽，岩壁如刀削斧劈。它是四川盆地和青藏高原气候的分水岭：西部为青藏高原气候，寒冷干燥；东部为四川盆地气候，温暖湿润。盆地的暖气流和高原的冷气流在白沙岗上相遇，形成了奇特的气象：山脊的东南方晴空万里，湛湛蓝天；而山脊的西北方却是云蒸雾涌，朦胧世界。"阴阳"两界分明，且变化无常，世所罕见，耐人寻味。

其实不只是冬季，西岭雪山的其他季节也都各具特色。春的西岭是杜鹃花的世界，从山脚至山顶竞相开放；夏的西岭又成了成都避暑的天堂，山里的清泉飞瀑帮你消除酷暑的炎热；秋的西岭俨然成了上帝的调色盘，一簇红一簇黄煞是美丽。

花水湾温泉

地址：成都市大邑县花水湾镇

交通：成都茶店子车站、城北客运中心、城东车站乘车到大邑后转班车前往花水湾

开放时间：10:00~24:00（周日至周四）；9:30~1:00（周五至周六）

花水湾温泉位于西岭雪山脚下，四面环山，气候宜人，很多人都会选择先在西岭雪山滑雪场享受滑雪的乐趣，然后到花水湾舒服地泡个温泉。

花水湾温泉形成于远古四川盆地海陆变迁时期，发掘于地下 2800 多米处，富含硫黄、碘、锂、偏硼酸及氯化钠（古海水）等珍稀矿物质，有极高的医疗保健价值。

成都
旅游攻略

成都周边旅游交通示意图

　　成都位于四川盆地西部，成都平原腹地，东与德阳、资阳毗邻，西与雅安、阿坝接壤，南与眉山相连，是首批国家历史文化名城之一。

　　东部多有工厂，其中由原成都红光电子管厂改造而成的东郊记忆如今已成为成都时髦的创新园区，成都东站也在附近。

　　南部是休闲娱乐胜地，以玉林小区为代表，往美领馆、桐梓林方向延伸，彰显出这座城市享乐主义的新潮流。此外，这里还坐落着成都南站，一年四季都可以去三圣花乡赏花。

　　西部是杜甫草堂、金沙遗址等众多人文景观的集中地。

　　北部坐落着成都老火车站，这里人口稠密，商贸繁荣，不过旅游资源较少。

　　中部是天府广场，广场的中心有高大的毛泽东雕像。周边还有最繁华的春熙路商圈、最成都的宽窄巷子等。

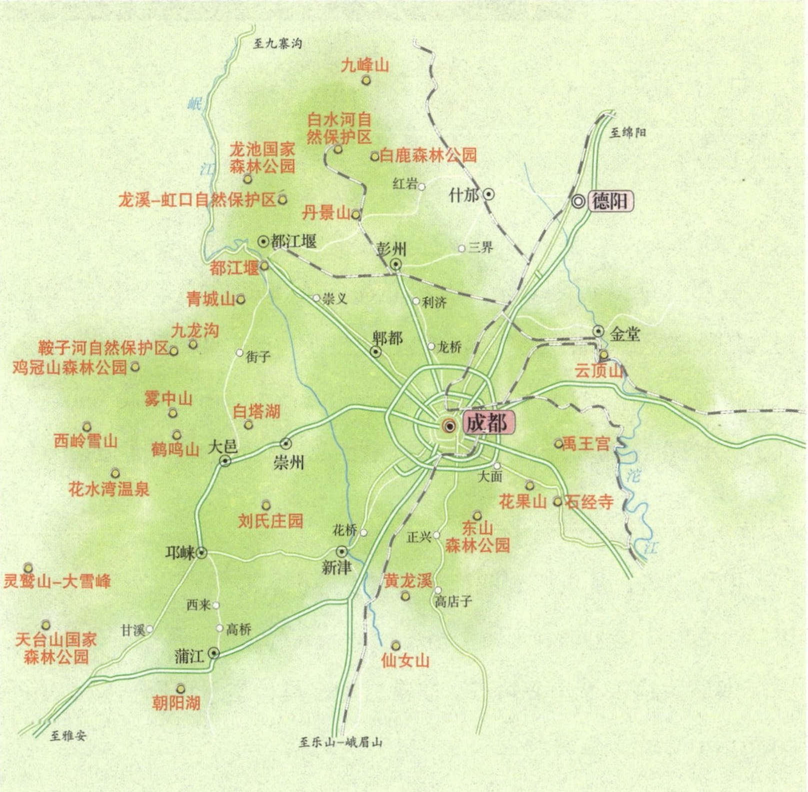
至九寨沟
九峰山
岷
江
白水河自然保护区
白鹿森林公园
龙池国家森林公园
至绵阳
红岩
什邡
德阳
龙溪-虹口自然保护区
丹景山
都江堰
彭州
三界
都江堰
崇义
利济
青城山
金堂
九龙沟
郫都
龙桥
鞍子河自然保护区
街子
云顶山
鸡冠山森林公园
雾中山
白塔湖
成都
西岭雪山
大邑
崇州
禹王宫
鹤鸣山
沱
大面
花水湾温泉
花果山
石经寺
刘氏庄园
东山森林公园
花桥
正兴
邛崃
新津
江
灵鹫山-大雪峰
黄龙溪
西来
高店子
甘溪
高桥
天台山国家森林公园
蒲江
仙女山
朝阳湖
至雅安
至乐山-峨眉山

🚗 交通

飞机

成都只有一个飞机场，即成都双流国际机场。它是中国西南地区最大的航空枢纽和重要客货集散地，也是四川最主要的门户航空港。北京、上海、广州、南京、拉萨、丽江等国内各大城市都能直飞成都。此外，成都双流国际机场还开通了直飞港台及一些国外城市的航线。

双流机场→成都市区

机场专线：从机场到成都市区有多条机场专线可以乘坐，有岷山饭店、天府广场东站、人民中路二段站、人民北路一段站、火车北站、火车南站东路东等众多站点，非常方便。具体信息可至官网（www.cdairport.com）查询。

出租车：也可选择乘坐车租车，一般来说到新南门车站约50元；到火车北站、城北客运中心约60元；到天府广场约60元。

火车

目前成都有三个火车站，分别是成都站、成都东站、成都南站。

成都站：当地人称之为成都北站，位于金牛区荷花池街道北站西一路1号，开往全国大部分地区的火车都由这里发车。此外，成都站也是去往都江堰和青城山等周边景点城际高速的始发站。地铁1号线可到。

成都东站：位于成都市武侯区天府大道，为成都高铁站，从东站出发，约1.5小时可到达重庆。地铁2号线可到。

成都南站：位于成都市武侯区天府大道，主要有开往眉山、江油的城际轻轨。地铁1号线可到。

汽车

成都市内有十几个长途客运站，分别发往不同的方向。究竟哪个车站发哪儿的车，本地人都犯糊涂，初来乍到就更是晕头转向，四川汽车票务网（www.scqcp.com）可以查询到较为准确的信息，你也可以多询问车站的工作人员。

旅游中最常用到的是新南门车站、茶店子客运站、成都汽车总站、北门车站、机场车站及石羊场车站。其中新南门车站和茶店子客运站都有班车可以前往九寨沟。

市内交通

地铁：成都现有4条地铁线路，1号线（升仙湖—广都）、2号线（犀浦—龙泉驿）、3号线（太平园—军区总医院）和4号线（万年场—非遗博览园），天府广场站、春熙路站和骡马市站都是重要换乘点。成都地面交通拥堵是常事，出行建议尽量选择乘地铁。

公交车：成都公交车四通八达，大多数地方都可乘公交车到达，特别是市内各景点。成都公交多为无人售票车，上车1元，空调车2元，自行投币，不设找零。

出租车：视车型不同，成都出租车2千米起步价8元或9元，之后都是每千米1.9元。成都的出租车司机一般不会宰客，且多数可算得上是一张"活地图"，好吃的、好玩的地方他们都知道，接受他们的建议多半不会错。

🅐 住宿

　　成都市内的住宿选择非常多，酒店、宾馆、青年旅舍、自助式公寓应有尽有。一般来说，每年暑假及国庆节至 11 月中旬是旅游旺季，此时前来最好提前预定酒店。

　　你可以选择天府广场至春熙路一带，这里位于成都市中心，是成都最繁华的商圈。天府广场是成都最大的交通枢纽，而春熙路汇集了成都有名的小吃店。这个区域在交通、购物、餐饮、娱乐各方面都比较方便，缺点是这里比较喧闹，住宿价格也较高。

　　你也可以住在宽窄巷子一带，宽窄巷子是来成都必逛的地方之一，这一区域环境不错，周围有许多地道的小吃和餐馆，靠近地铁 1 号线的骡马市站和 2 号线的人民公园站。晚上还有丰富热闹的夜生活，非常适合年轻人。这一区域的旅馆都比较特别，富有情调。除此之外，你还可以选择住在清静便宜的文殊院一带、大名鼎鼎的锦里一带或是西岭雪山、都江堰等景点附近。

成都春熙坊老成都客栈

　　古色古香的装修风格是老成都客栈吸引众多游客前来入住的最大原因。客栈拥有风格迥异的 7 种

房型，各种风格的客房都由特色木质天井相连接，装修部件全部使用古董物件，包括客厅内的大花床、雕鸾长桌、夫妻椅、衣柜、面盆柜等，入住客栈能体会到浓郁的人文气息和厚重的历史沉淀感。

位置：成都市总府路 29 号
电话：028-65523988

成都懒骨头青年旅舍

成都较为著名的青年旅舍之一，即使是淡季，人也不少。店如其名，洋溢着懒洋洋、舒服熨帖的气息。门口就是地铁，对面是钟水饺的总店，步行到宽窄巷子只需 15 分钟。进店就是书籍借阅的地方，外国人入住的比例很高。

位置：成都市羊市街 16 号
电话：028-86695778

锦里客栈

这家老牌客栈就在锦里街上，客栈以清末民初建筑为主，由客栈、隐庐、芙蓉第三座风格各异的建筑群组成，川西民俗文化特色浓郁。庭院内有廊坊、天井、花园，房前屋后，假山耸立，绿树成荫，流水潺潺，环境清幽。客房内部装修古朴典雅，还提供特色健康粗粮早餐，送餐进房。

位置：成都市武侯祠大街 231 号
电话：028-66311335

美食

说成都是个美食王国一点儿也不为过，赖汤圆、钟水饺、三大炮、担担面……众多的成都小吃就连老成都人都不见得数的过来。成都人不仅爱吃，而且会吃，遍布大街小巷的小吃摊、苍蝇馆子，味道几乎都不错。锦里、宽窄巷子、春熙路等地是成都美食的聚集地，这里有很多名小吃店是初次到成都的你不应错过的。

无名冒菜

成都当地人气很旺的一家冒菜小馆，因为没有店名所以以无名冒菜代之。《舌尖上的中国》总导演陈晓卿曾光顾并在微博上推荐此店。

如果打算光顾这里，要做好排长队的心理准备。此外，需要注意下午两点后无名冒菜就停止营业了。记得品尝下这家的冒牛肉，经过秘制调料腌制的牛肉，和素菜放在白汤里煮熟，最后浇上调好的辣子与汤汁，光看着就已让人垂涎三尺。

地址：成都市青羊区西二道街 19 号（近金色夏威夷）
交通：市内乘 4 路、11 路、7 路等公交车至营门口立交桥东站下车，步行可到
人均：25 元
营业时间：10:30~14:00
推荐：冒牛肉

小谭豆花（西大街店）

在众多成都名老字号中，小谭豆花绝对是实力派，强烈推荐。小谭豆花创始于 1924 年，是一家代表着成都味道的老店，它承载着当地老少几代人对于历史变迁中成都味道的记忆。店铺不是特别大，高峰期需与人拼桌。店内其他菜品不多，以豆花为主，品种很多。

地址：成都市青羊区西大街 86 附 13 号
人均：15 元
营业时间：8:00~20:30
电话：028-86252753
推荐：绍子豆花面、牛肉馓子豆花、冰醉豆花

雪花食坊居牛杂火锅

成都一家很火的主营牛杂的火锅店。火到什么程度？如果晚上吃中午就要先去拿号，还要人到齐了才能吃，否则从下午排到晚上八九点是很正常的事情。火锅店店面很小，典型的苍蝇馆子，对服务和环境要求高的话不建议前往。不过这里火锅味道

很赞，锅底味道很正，牛肉特别嫩。

地址：成都市武侯区红牌楼北街 30 号附 3 号
人均：60 元
电话：028-85081165
推荐：牛杂、嫩牛肉

康二姐串串（中道街店）

康二姐串串早已名声在外，是很多第一次来成都游客的必尝美食。不过只有中道街店是直营老店，其他众多的康二姐串串都是加盟店，味道不正宗。

康二姐串串的菜品新鲜，品种非常多，串串自己挑选，尽量一次拿足，每串上面菜很少，不过价格很便宜，可以放心大胆地挑选。串串腌制得很入味，麻辣鲜香，配以特殊调制的干碟，味道很好。

地址：成都市锦江区中道街 99 号附 32 号
人均：50 元
营业时间：11:00~20:00
电话：13018231143
推荐：鸭舌、牛肉、鸡脆骨

龙抄手（春熙路总店）

龙抄手是成都著名小吃，在市内已有多家分店，春熙路店为最初的老店，生意十分红火。不过这里多是冲着老字号来的游客，味道总体来说其实差强人意。

这里汇集了众多成都小吃，除龙抄手外，还有钟水饺、担担面、赖汤圆、锅贴等。店里有针对游客的套餐，45元可以品尝到十多种成都特色小吃，不过每种分量都很少，适合初到成都的游客。

地址：成都市锦江区城守街63号
人均：25元
营业时间：10:00~22:10
电话：028-86666947

洞子口张老二凉粉

文殊院附近的老字号店家，十余年来，小店的掌勺始终没变，还能吃到最原始的老味道。上了岁数的老人平日都爱来此叙旧谈天，不少年轻人也在

此影响下慕名而来。

作为小店招牌的凉粉各有各的味道，十分独特，再挑剔的人也会尝到一款适合自己的口味。甜水面也是每桌必点的美味，韧而不硬的面条裹上酱汁，甜、辣、咸都刚刚好。

地址：成都市青羊区文殊院街 39 号
人均：10 元
营业时间：8:30~19:00
电话：028-81910576
推荐：甜水面、凉粉

钟水饺（武侯店）

钟水饺始创于 1893 年，现在成都开有多家分店。餐厅主营水饺、面食和炒菜，性价比很高，定价比较亲民。不管成都当地人，还是外地游客，都会选择来此用餐。钟水饺分为两类，有红油水饺和清汤水饺。红油水饺看起来红红的，但其实并不辣，甚至还略有一点儿甜味，味道不错。

地址：成都市武侯区武侯祠大街 2 号附 2 号
人均：20 元
营业时间：7:00~21:00
电话：028-85537977
推荐：钟水饺、叶儿粑、夫妻肺片

🛒 购物

成都地处四川盆地，享有"天府之国"美誉，物产丰富。蜀锦、蜀绣、瓷胎竹编、青城茶都是你购物的好选择。此外，美味的成都火锅让人难忘，何不带些火锅底料回去与家人朋友分享？

在成都购物可以前往锦里或春熙路步行街，也可以到宽窄巷子逛逛，这里有不少特色礼品店，别致的橱窗设计常引得路人驻足拍照。

春熙路步行街

春熙路是成都最繁华热闹、最具代表性的商业步行街，在"中国商业街排行榜"上名列第三。如今的春熙路依旧热闹非凡，串起了正科甲巷、署袜中街等形成了城中最旺的商圈，这里汇聚众多品牌专卖店，大部分店面常年都有折扣。

香港《大公报》曾说："城市掘金哪里去，春熙路；品味时尚哪里去，春熙路；打望美女哪里去，春熙路……哪里都不想去？还是可去春熙路。"春熙路不仅可以购物，还是打望美女和寻找美食的好去处。

位置：成都市春熙路步行街区

熊猫屋

熊猫屋是成都出售高级熊猫元素玩具礼品店中

口碑较好的一家。这里出售各种与熊猫相关的毛绒玩具、服饰、鞋帽、背包、钥匙扣、摆件、文具等原创设计产品，是别处买不到的，质量也不错，自留作纪念或送朋友都不错。不过价格稍贵，店内不允许拍照。

位置：成都市井巷子 J12 院落（近宽窄巷子）

一针一线一生

一针一线一生是一个刺绣典藏和购物相结合的地方，里面主要是羌绣、藏绣、蜀绣。进去后是个漂亮的庭院，有很多桌椅，可供游客歇脚喝茶。庭院的四周是室内的店铺，里面摆满了各种羌绣产品，如购物手袋、零钱包、围巾、衣服等。这儿的羌绣用色大胆，图样民族，还融入了些现代元素。店内的展示也做得不俗，让人欣赏悦目。但价格比较昂贵，视能力购买。

位置：成都市青羊区窄巷子 24 号

LeShan

乐山

乐山乐水的佛国圣地

"智者乐水，仁者乐山"堪称乐山市的真实写照，这个古时被称为"海棠香国"的城市，不仅有佛教圣地峨眉山，还有闻名天下的大佛。时间如江水般的流淌，而大佛依然置身在山水之间，迎来送往众多游人。

读懂
乐山

A 乐山乐水，乐嘉州

乐山在西汉时始称南安，北周至隋唐时期名嘉州，宋以后改叫嘉定，清初时，因"城西南五里有'至乐山'"，所以得名"乐山"，并沿用至今。乐山古时遍种海棠花，每到春天二三月，花开满城香，所以又有"海棠香国"的美誉。

乐山历史文化厚重。早在3000年前的巴蜀时代，这里就是蜀王开明的故都，史称"开明故治"；战国晚期，秦蜀郡守李冰开凿乌尤离堆，以治水患；隋代，嘉州太守赵昱率军民抗洪护城；唐开元初，海通和尚开凿乐山大佛；南宋末年，宋军据此抵抗元军，历时40年；明末，张献忠部下刘秀占据嘉州，"联明抗清"达15年之久……

孔子有云"智者乐水，仁者乐山"，这句话用到乐山再合适不过了。乐山市作为旅游胜地的知名度古已有之，因此才有"中华山水，桂林为甲；西南胜概，嘉州第一""天下山水之冠在蜀，蜀之胜曰嘉州"之说。来到古嘉州，乐山乐水就任你选了。

嘉州山水孕育了众多文化名人，北宋的大文学家苏轼和当代文化巨人郭沫若是他们中的杰出代表。历史上，李白、杜甫、岑参、范成大、黄庭坚、陆游等文化名人或在乐山为官，或在乐山游历，他们陶醉于嘉州的山山水水中，留下了众多脍炙人口的诗篇。

俯瞰壮观的大渡河峡谷

Ⓑ 山是一尊佛，佛是一座山

在乐山城东岷江、青衣江、大渡河三江汇流处的凌云山壁上，屹立着建于唐代、闻名天下的乐山大佛。大佛依山凿成，坐东向西，正襟危坐，头顶苍穹，脚踏三江，远眺峨眉，近瞰嘉州。佛像通高71米，是世界上最大的石刻弥勒佛坐像，被诗人誉为"山是一尊佛，佛是一座山"，古有"上朝峨眉、下朝凌云"之说。

据史书记载，发起建造大佛的是僧人海通法师，唐《嘉州凌云大像记》载："开元初，有沙门海通者，哀此水险……作古佛像"。每当夏汛，汇聚于凌云山麓的三江江水如万马奔腾，直捣山壁，船毁人亡的悲剧时有发生。海通正是"哀此水险"，心中十分不忍，于是决心凭崖开凿一尊弥勒佛大像，想仰仗佛的无边法力，减杀水势，永镇风涛。海通自然

乐山大佛

链接：乐山大佛有多大？

乐山大佛高 71 米，肩宽 24 米，耳朵长 7 米，眼睛和嘴长 3.3 米，眉毛和鼻子的长度是 5.6 米；它头的直径有 10 米，相当于 5 层楼高，手指有 8.4 米长；它的膝盖到脚背总长 28 米，脚宽 8.5 米，如果人挨人站着，它的每只脚可以站 100 多人。

大佛顶上的头发，共有螺髻 1021 个，螺髻上面可以容十多人围坐，耳朵空隙可并立两人，双足相距近十丈，两个人接卧也不及大佛的一个脚趾长，一个人站立脚旁也未能高出脚面。隔江遥望，才能观看到大佛的全貌。

没有建造大佛的财力，为了募集巨资，他云游天下，终于组织起人力、财力，于唐玄宗开元初年（公元 713 年）正式动工。

史书记载海通募得巨资后，曾有贪婪的郡吏上门勒索，海通面对贪官，大义凛然地说："自目可剜，佛财难得"。酷吏一再逼迫，海通也说到做到："自抉其目，捧盘致之"，"吏因大惊，奔走祈悔"。然而，海通生前并没有实现自己的宏愿，而由于工程浩大，仅开凿了大佛头部及胸部，未及佛像落成，海通便已圆寂，工程也因此而停工。

其后代理剑南西川节度使兼西川采访制置使章仇兼琼主持开凿了大佛胸部至膝部的工程，甚至获得唐代中央朝廷批准抽取地方盐麻税款作为开凿大佛的资金。章仇兼琼迁任户部尚书，工程再次停工。直到四十年后的贞元初年，唐剑南西川节度使韦皋出巨资重新组织，第三度恢复开凿，开凿了大佛膝部以下的工程并修建了覆盖大佛的大像阁，终于在贞元十九年（公元 803 年）建成，前后共历时九十载。

乐山

4 种极致体验

古寺寻佛音，山野觅灵猴 / 畅享美食 / 乘老爷小火车，穿越美丽花海 / 探秘"中国百慕大"

① 古寺寻佛音，山野觅灵猴

峨眉山雄踞在四川盆地西南部，是世界自然与文化双遗产。山上众多寺庙如一颗颗璀璨的宝石，向我们展示着峨眉山厚重的佛教文化。在这里，我们寻觅佛音；在这里，我们寻找自我。当然，不要忘了山间众多的灵猴，它们才是峨眉山真正的主人，虽然"劣迹斑斑"，却也常逗得人们哈哈大笑。

峨眉山

地址：乐山峨眉山市境内
交通：在峨眉山站可乘坐 5 路 A 线公交车至景区（伏虎寺站下）
门票：旺季 185 元；淡季 110 元
开放时间：6:00~18:30
电话：0833-5090114
官网：www.ems517.com

峨眉山以其"雄、秀、神、奇、灵"和深厚的佛教文化蜚声中外，是中国佛教四大名山之一，也是普贤菩萨的道场。

山上遍布大大小小的寺庙 30 余处，其中最著名的寺庙有报国寺、

1 顽皮的峨眉山灵猴
2 峨眉山金顶星空

小贴士 »

1. 日出、云海、佛光、圣灯又称峨眉四绝，观赏地点都在金顶。观赏日出的最佳时间为夏季 6:00，冬季 7:00，看云海则是早上 9:00~10:00，下午 3:00~4:00，想看佛光和圣灯就需要靠运气了。

2. 猴区的猴子会抢游客的食物和水。背包拉链要拉好，手里不要拿食物和水瓶之类。

3. 高山区温度较低，需携带厚衣服，金顶有租羽绒服的地方。

4. 春秋两季为峨眉山旅游的最佳季节，气候适宜，景色迷人，5 月还是欣赏杜鹃的最佳季节。

伏虎寺、清音阁、万年寺、洗象池等。寺庙大多坐落在清幽雅致的树林之间，在这里，你可以听到梵音诵唱，看到前来朝圣的虔诚僧人。峨眉山的每一座寺庙都有其独特的韵味，从象征"天圆地方"的砖殿，到金碧辉煌的金殿，都在等着你寻求属于你自己的答案。一路走来，美景就在眼前，少了世俗的纷扰，多了一份对峨眉山深深的眷恋。此外，灵猴也是峨眉山的一大特色。憨态可掬又极通人性，见人不惊、与人同乐，成为峨眉山的一道活景观。

第一次来景区的话你不会料到景区有那么大。峨眉山景区分为低山、中山、高山三大游览区，游览路线长达 90 多千米。游览方式有徒步和乘车两种，游玩整个景区并全程徒步的话需至少 5 天时间（上山 3 天，下山 2 天），且需极好的体力。乘车较为轻松，报国寺、五显岗、万年寺、雷洞坪都有停车点，从山下乘观光车可直达雷洞坪，之后步行至接引殿，乘坐金顶索道直达山顶，往返一天足矣。不过时间

1 报国寺武术表演
2 跷脚牛肉
2 乐山钵钵鸡

允许的话还是强烈建议你放慢脚步感受峨眉山的美，徒步上山，乘车下山会是不错的选择。

金顶为峨眉山游程的最高峰，到峨眉山如果不上金顶，等于白来一趟。无论是晚霞、日出、佛光，还是壮阔的云海，都只有在这里才能看到，所以多数游客选择在金顶住一夜，不过金顶住宿点较少，且价格较高，需要提前预订。

链接：金庸与峨眉派

峨眉派首见于武侠小说鼻祖还珠楼主的《蜀山剑侠传》。然而为人们熟知，主要源于金庸武侠小说。《倚天屠龙记》中记载郭靖黄蓉夫妇的二女儿郭襄遍寻华夏，觅杨过未果，于四十岁时出家为尼，创立峨眉派，峨眉派弟子大多为女性。

其实，峨眉派并非小说虚构，是真实存在的。不过现实中的峨眉派并非武侠小说所写的的女派，历来无著名的女出家人，也并非郭襄所创。据考证，峨眉派创始人是武师司徒玄空，因其曾模仿峨眉山白猿的形态创造了白猿剑法与白猿通臂拳，又称白猿公。峨眉派武术成型的时期是南宋，代表人物为峨眉山白云禅师和白眉道人。辗转传至明清，峨眉派与少林、武当合称中国三大武术门派。峨眉派武术介于少林阳刚与武当阴柔之间，亦柔亦刚，内外相重。在旅游旺季、节假日和大型活动期间，还能在峨眉山天下名山广场、报国寺、华藏寺看到峨眉山武术表演。

② 畅享美食

乐山美食久负盛名，许多成都名小吃均源于乐山，因此每到假期，很多成都的好吃嘴都驱车前往乐山，不为看大佛、不为爬峨眉山，只为一饱口福。就连成都媒体都多次推出乐山美食专题，因此来乐山的你怎能错过平日难得一品的美食呢？

跷脚牛肉

跷脚牛肉堪称乐山最为经典的美食，虽然在很多地方都能找到跷脚牛肉的店面，但与乐山跷脚牛肉的味道相差甚远。跷脚牛肉其实是将切成薄片的牛肉和牛肚、牛心、牛舌等牛下水放入事先熬好的汤中，三下五除二，抖擞抖擞便起锅，不同品种连着汤各自入碗，不再放任何佐料，只在汤面撒些绿茵茵的香菜和芹菜，味道鲜美。如今在乐山流行的全牛宴就是由跷脚牛肉发展延伸而来。在乐山跷脚牛肉中，尤以苏稽周村和杨湾的味道最佳。

甜皮鸭

制作正宗的甜皮鸭，必须选用农家喂养的土鸭子（麻鸭）为原料，亦可用仔鹅代替。沿用的是清代御膳工艺。由民间发掘、改进，用滚油一勺勺地淋熟，而非炸熟，具有色泽棕红、皮酥略甜、肉质细嫩、香气宜人的特点。在成都各地，很多卤菜店都打着乐山甜皮鸭的名号，不过并不正宗，所以要想吃到正宗的甜皮鸭，还是要到乐山，王浩儿纪六嬢甜皮鸭是不错的选择。

西坝豆腐

"四川豆腐甲天下，西坝豆腐冠四川"，到了乐山一定不能错过西坝豆腐。西坝古镇山清水秀，景色宜人，特别是那清冽的溪水，是磨制豆腐的天然水汁。磨制的豆腐洁白、细嫩、绵软，回味甜润，无论蒸、煮、煎、烧、炸，都不碎不烂。特色独具的西坝豆腐分为红油型和白油型两大类，红油型以麻、辣、烫、绵、软、嫩、香为特点，白油型则玉嫩似髓，色彩油亮，淡雅清醇。这两大类豆腐，色、香、味、形兼备，令人观之饱眼福，食之饱口福。

乐山烧烤

乐山烧烤一直在川内很有名气，不妨列为你的夜宵计划。乐山烧烤分量大，种类多，五花肉烤得焦香，鸭舌、黄喉、毛肚都是深受食客喜欢的菜品，少数地方还有烤乳猪，外地食客络绎不绝。徐烧烤是乐山烧烤的老店，名气很大。

3 乘老爷小火车，穿越美丽花海

每到春天，在乐山一角，一辆古老的蒸汽小火车，穿行在金黄色油菜花田中的场景，吸引了众多游人的到来，这辆蒸汽火车便是人们常说的嘉阳小火车，被形象地称为开往春天的列车。

嘉阳小火车

地址：乐山市犍为县石溪镇和芭沟镇
交通：成都市石羊场中心客运站乘坐到犍为县的班车，换乘到嘉阳的班车可达
门票：旺季专列往返 160 元，专列单程 80 元；淡季专列往返 100 元，专列单程 50 元
开放时间：列车班次随季节变化而有所不同，建议出行前咨询景区
电话：0833-4092599
官网：www.jygjksgy.com

嘉阳小火车是一辆运行在乐山犍为县芭石铁路上的窄轨老爷火车，因其权属四川嘉阳集团，故人们亲切地称它为"嘉阳小火车"，素有"工业革命的活化石"之美誉。

这辆蒸汽火车的轨道距离 76.2 厘米，仅为普通列车轨距的一半，因

此也被称为"寸轨"火车。铁路全线仅 19.84 千米，往返一次仅需 2.5 小时。芭石铁路于 1959 年建成通车，最初主要是用来运送煤炭，也是铁路沿线农民进出大山的交通工具。当中国的窄轨铁路逐渐被淘汰时，嘉阳小火车却被幸运地保留了下来，成为中国首屈一指的铁路工业遗产旅游项目。

嘉阳小火车每天固定运行 3 趟普通客运班车、1 趟旅游专列，节假日或旺季旅游专列有所增加。乘坐普通班车可以更好地体验当地人的生活，而旅游专列在沿途的主要景点停车，有导游解说和蒸汽鸣笛表演。

小火车全线停靠 8 个站点，分别为石溪站、跃进站、蜜蜂岩站、菜子坝、仙人脚、焦坝站、芭沟站和黄村站。跃进站是观光专列的起点；蜜蜂岩站受地形限制而设置了詹天佑"人"字形机车调头方式；菜子坝是观赏小火车穿越田园最佳处，铁路在这里有个半径 70 米的大转弯；芭沟站位于芭沟镇，镇上的川西南民居建筑保护较好，小角楼民居建筑群、苏式建筑特色突出，至今还保留了"文革"标语；黄村站是小火车最后一个站点，这里的黄村井是嘉阳煤矿解放后开办的第一口矿井，可选择穿上矿工服亲自下井体验矿工生活。此外，仙人脚至焦坝站间的亮水沱有小火车蒸汽表演。

由于小火车班次较少，加之线路较长，并且每个景点之间也有一定的距离，若想好好欣赏小火车

乘小火车赏美景

的自然景观和人文景观，特别是对于摄影爱好者来说，住宿是免不了的，镇上有几家客栈，不过条件一般。次日清晨早起，沿铁路线徒步，沿途拍摄，这条线路绝不会枯燥，一路都是田园风光。蜜蜂岩站车站外200米处的段家湾及菜子坝站附近是拍摄小火车穿过油菜花海的最佳地点。

4 探秘"中国百慕大"

在乐山一角有一块原始秘境——黑竹沟，其所处的纬度和耸人听闻的百慕大三角、神奇无比的埃及金字塔相似，被探险家称为"死亡纬度线"。再加上曾出现过数次人、畜进沟神秘失踪现象，因此这里又有"中国百慕大"之称。

黑竹沟
地址：乐山市峨边彝族自治县黑竹沟镇
交通：成都城北客运站乘车到峨边县后转车前往黑竹沟镇
门票：60元
开放时间：8:00~17:00

褪去神秘的外衣，黑竹沟其实是个原始而美丽的地方，是目前国内保存最完整、最原始的生态群落之一。从沟口进入，一路都是最原始的风景，树干上苔藓密布，各类蕨类藤类植物盘根错节，恍惚间让人以为身处某个奇幻森林中。景区还有狐狸山、金字塔、冰川遗址、峡谷、瀑布、高山海子等自然北纬 30 度贯穿四大文明古国，堪称一条神秘而又奇特的纬线。这里既是地球山脉最高峰珠穆朗玛峰的所在地，又是海底最深处西太平洋马里亚纳海沟的藏身之处，也是世界几大河流的必经之地，诸如埃及的尼罗河、伊拉克的幼发拉底河、中国的长江、美国的密西西比河，均是在这一纬度线入海。

更加神秘难测的是，这条纬线又是世界上许多令人难解的著名的自然及文明之谜所在地。比如，恰好建在地球大陆重力中心的古埃及金字塔群，以及令人难解的狮身人面像之谜；传说中的大西洲沉没处，以及令人惊恐万状的"百慕大三角区"。同时北纬 30 度线还是飞机、轮船经常失事的地方，习惯上把这个区域叫作"死亡旋涡区"。除此之外，发生在这条纬线上的奇事怪事数不胜数。

为什么北纬 30 度有如此多的怪异现象？科学家们有诸多不同的解释，不过目前还没有确切的定论。

静谧的黑竹沟

风光。除此之外，景区民族风情古朴，路上总能遇到对你甜美微笑的彝族小孩儿，让你的旅行多了份美好的回忆。

春夏之交是黑竹沟最美的时候，此时满山遍野的杜鹃花盛开，美不胜收。此外，秋季的红叶也是这里的看点之一。需要注意的是景区目前开发的部分只占整个黑竹沟的 30%，进入景区后一定要按着开发的栈道行走，切莫贪图一时冒险进入非开发区域。景区腹地磁场复杂，能使指南针偏离 30 度，很容易迷路。此外，需备些干粮作午餐。

乐山
旅游攻略

乐山旅游交通示意图

　　乐山旅游资源丰富，北部为游人必到之地，皆因峨眉山与乐山大佛两大世界遗产；南部为马边彝族自治县，苗寨、彝寨等民族风情是这里的主要看点；西部有大渡河金口大峡谷和被誉为"中国百慕大"的黑竹沟；东部则是近年来被越来越多人所认识和痴迷的嘉阳小火车。

🚗 交通

火车

乐山市境内有乐山站、乐山北站、峨眉山站、峨眉站四个火车站。

乐山站位于乐山市中区青江新区宝莲路，是成绵乐客运专线与成贵高速铁路的交会处。从成都每天有多班车前往此站点，市内乘 21 路、3 路公交车至高铁乐山站下车可到。

乐山北站即原成昆铁路乐山站，位于乐山市夹江县。由于位于夹江县，离乐山约 30 千米，因此乘火车前往乐山在此站点下车并不方便，在车站对面的汽车站有车前往乐山，车程 30 分钟。

峨眉山站是成贵客运专线峨眉山支线终点站，该站位于峨眉山景区中，步行或乘公交车都可方便到达峨眉山景区。目前，从成都到峨眉山的高铁每天班次很多，是游客前往峨眉山交通的不二之选。在车站乘 5 路 A 线五分钟可到达报国寺游客中心。

峨眉站是成昆铁路必经站，位于峨眉山市胜利镇，距峨眉山景区约 10 千米，适合在成都站上车或想节省交通费用的游客。

汽车

乐山的公路四通八达，乘汽车可前往省内各地及重庆、广州等地，目前，乐山主要有乐山汽车客运中心站、乐山肖坝旅游汽车站、乐山联运汽车站等汽车站。前往峨眉山景区的班车在乐山肖坝旅游汽车站乘坐；要去看嘉阳小火车可以在乐山联运汽车站乘车到嘉阳，也可以在乐山汽车客运中心站乘车到犍为。

市内交通

乐山市内不大，往返景点和汽车站都可乘公交车，很是方便。乘坐 13 路公交车可往返乐山大佛与肖坝旅游汽车站，公交 1 路则连接了乐山站与肖坝旅游汽车站。

乐山出租车起步价是两千米内 5 元，超过部分按每千米 1.6 元。不过从车站到景区一般都不打表，需和司机商量价格。

🏨 住宿

　　乐山市有不同档次的宾馆可供选择，市中心的酒店性价比会更高一些。不过多数游客选择游玩乐山大佛后直接乘车去峨眉山或犍为县，所以在乐山市内住宿并无必要。峨眉山景点众多，想要好好在景区游玩一番的话，至少要在景区住上一晚。景区的住宿主要集中在报国寺、清音阁、雷洞坪和金顶附近，当然也可以选择住山上的寺庙。犍为县芭沟镇上有几家客栈，不过条件都一般。

宜必思乐山中心酒店

　　酒店地处梅西百货商业圈，餐饮、购物、休闲娱乐等都很方便，周边汇集麦当劳、德克士等国际知名快餐店，距张公桥好吃街仅 1.5 千米，住在酒店，晚上去寻乐山美食小吃再方便不过。酒店为简约设计风格，整齐划一的布置很有现代感。房间干净卫生，前台办理入住快，服务态度好，还赠送手绘旅游地图。总之，是乐山市内性价比较高的酒店。

位置：乐山市嘉定北路 169 号
电话：0833-2379999

峨眉山金顶乡怀里酒店

　　想要欣赏峨眉山的日出和云海，在山顶住一晚会是不错的选择。金顶酒店不多，乡怀里酒店便是其中的一家。酒店紧挨着索道口，到金顶也只有十多分钟的距离，非常方便。酒店房间不大，不过设备还比较齐全，并且提供洗漱用品。最值得一提的是酒店有地暖，不用担心晚上会冷。此外，酒店有叫醒服务，提醒人们起床看日出，酒店门口还有出租羽绒服的地方，给游客提供了许多方便。

位置：乐山市峨眉山市金顶景区小索道出口
电话：0833-5098005

犍为嘉阳酒店

位置是酒店最大的优势了，酒店距离嘉阳小火车进站点很近，方便第二天的游览。不过不要对酒店的条件要求太高，由于靠近铁路，床单上有小小的煤灰，但不影响住宿。另外，酒店背后就有吃饭的地方，价格很实惠。

位置：乐山市犍为县芭沟镇跃进段
电话：0833-4092202

🍲 美食

　　乐山堪称吃货的天堂，不少馆子都开到了成都，赢得吃货欢心。更有人专门前往乐山，只为吃上一顿当地正宗美食。如果你也打算在乐山大快朵颐一番，以下的餐馆是不该错过的。

古市香跷脚牛肉

　　在乐山苏稽多如牛毛的跷脚牛肉餐馆中，古市香可以说是名气最响亮的一家。一到周末，成都都有食客慕名前来，可见其影响力。古市香在峨眉河边，位置显眼，整个建筑古色古香，外表看起来像吊脚楼，内部画风清奇，没有过多的点缀，仿佛只是上个世纪一个普普通通破败的小酒馆，但是一桌一瓦都看出花了很多心血，甚至每一张桌子都有自己的故事。略带淡淡的药材味的牛肉汤完全不油腻，还有一点儿清爽，单是这牛肉汤就足以让你喝上两碗了。

位置：乐山市市中区镇桂花路 85 号
人均：40 元
营业时间：9:00~21:00
电话：0833-2565466

赵记甜皮鸭

　　不管是当地人还是游客，都会来这里买甜皮鸭，香嫩酥脆，常常需要排队，四川电视台《吃八方节目》还专门推荐过这家店，买鸭子还会送鸭爪子，价格会比其他地方贵，但味道确实巴适。

位置：乐山市中区新村街 169 号
人均：30 元
电话：0833-2114196
推荐：甜皮鸭、鸭脚板、卤鸭翅

九九豆脑

　　九九豆腐脑因为味道好，价格又便宜，所以深受当地人和游客的喜爱，这点从随处都能找到店面就能看出来，不过还是建议前往总店品尝。小小的一碗豆腐脑，有各种口味可以供你选择，有牛肉的、肥肠的、原味的。一碗豆腐脑加上一个夹饼，简直就是绝配。

位置：乐山市市中区里仁街
人均：20 元
营业时间：10:00~21:00
电话：0833-2114552

游记肥肠

　　游记肥肠是一家始于清朝咸丰年间的百年老店，店面不大，装修得古色古香。重点是味道很赞，并且价格亲民。推荐炸肥肠卷和火爆脆肠，尤其是炸肥肠卷味道很棒，肥肠外皮酥脆焦香，内卷的糯米等物香软可口，口感层次丰富。

位置：市中区箱箱街 161 号
人均：35 元
营业时间：10:00~21:00
电话：0833-2123059

ChuanDongBei

川东北
弥漫浓厚的历史人文气息

领略过成都平原蜀韵，怎能不来川东北体会巴国故里的独特气场？不妨独自踏上古蜀道的青石板，体味李白"蜀道难，难于上青天"的感叹；去看看新北川，曾经的满目疮痍，现在的浴火重生，令人心生感动；去阆中古城逛逛，保留完整的古民居让人分不清今昔。古与今，在这里完美融合。

读懂
川东北

Ⓐ 金牛古道

蜀道，即入川的道路。秦汉历朝经过上千年的开拓，才终于在秦巴山脉形成了大致 8 条交通要道。其中四川北上接通中原的古道，细分起来有 3 条，即金牛道、阴平道和米仓道，而金牛道是其中的主干线。

金牛道也称石牛道，其名称来源于"石牛粪金、五丁开道"的历史传说故事。据《蜀王本纪》记载，秦惠文王图谋伐蜀，派人凿了五头大石牛，扬言其排泄物为金子，将其送给蜀王。于是蜀王便派五个大力士开凿了最初的入蜀之路，准备迎接，而秦国趁机长驱直入，蜀军大败，古蜀国也随之烟消云散。而蜀王开凿的这条道路被称为石牛道，也叫金牛道。故事虽有趣，不过川北龙门山脉与秦岭天堑之间，可谓绝壁横亘、千里沟壑，要想在这样的地形下凿石筑路，实非五个大力士所能做到的。

从广义上讲，金牛古道南起成都，经广汉、德阳、绵阳、梓潼、剑阁、广元等地出川，然后在陕西褒城附近转向，接"褒斜道"沿褒河过石门栈道、穿秦岭、出斜谷，直通八百里秦川。古时沿途险峻绝伦，但随着朝代的更替以及自然环境的影响，这条古路在不断发生改变。变动最大要数二十世纪三十年代108国道的修建，由于这条路大部分地段和金牛古道重合，原有的石板路被水泥路代替，让古道失去了原有的惊险。

现沿金牛古道走，若干地方还能领略到古蜀道的风采。剑阁凉山乡有保存完好的古蜀道，长约十几里，经此古道可一直通向剑阁老县城，古道两旁古柏森森，颇具当年古蜀道的风韵。昭化古城通往剑门关的大朝驿也保留了一段约两里路且没有被人为破坏的古蜀道。剑门关向南，金牛古道便渐渐摆脱了险象环生的局面，变得旖旎灵秀起来。沿途有古柏遮天蔽日的翠云廊、香烟缭绕的梓潼七曲大庙、江油窦圌山太白故里、绵阳富乐山、德阳黄许镇白马关等。总之，已是一派平旷富饶的景象了。

金牛古道风光

1

B 绵竹年画

在中国，过传统春节的时候，许多地方都有贴年画的习俗。产生于德阳绵竹市的绵竹年画为中国四大年画之一，素有"四川三宝""绵竹三绝"之美誉。

绵竹年画因产于竹纸之乡的绵竹而得名，是流行于中国西南的年画品种。绵竹年画起源于北宋，当时称"门神"或者"画帖"，兴于明代，盛于清乾隆、嘉庆年间。绵竹全县有大小年画作坊300多家，年画专业人员达1000余人，年产年画1200万多幅，产品除运销两湖、陕、甘、青及四川各地外，还远销印度、日本、越南、缅甸等国家。

与天津的杨柳青、山东潍坊年画、苏州的桃花坞年画相比，绵竹年画最大的特点是以手绘见长。一幅年画的制作要先由画师起稿，刻版师雕版，再印刷到纸上描绘，其线条只起轮廓线作用，必须经彩绘艺人按程序手绘而成，形成了绵竹年画水印与彩绘浑然一体的艺术特色。

绵竹年画构图讲求对称、完整，主次分明，多样统一；色彩上采用对比手法，设色单纯、艳丽，强烈明快，构成红火、热烈的艺术效果；线条讲求洗炼、流畅，刚柔结合，疏密有致，具有强烈的节奏感；而夸张、变形、象征、寓意的造型，更具诙谐活泼的效果；内容广泛，品类繁多，归纳起来主要是避邪迎祥、历史人物、戏曲故事、民俗民风、名人字画、花鸟虫鱼等。想要领略绵竹年画的魅力，绵竹年画村是不错的选择。

川东北

4 种极致体验

看万山红遍 / 探寻三国遗迹 / 去看新北川 / 千年古城玩"穿越"

1 看万山红遍

秋季最美的景色在层林尽染的万山间，此时漫山的红叶，色彩斑斓，随手一拍就是大片。光雾山堪称川东北赏红叶的绝佳之地。

光雾山

地址：巴中市南江县光雾山镇
交通：巴中市到南江县有多次班车可达，出站后乘坐悬挂"桃园"或者"光雾山"牌子的班车，可抵达光雾山景区
门票：桃园 90 元；大坝 100 元；十八月潭旺季 55 元，淡季 50 元；小巫峡 80 元
开放时间：7:00~18:00
电话：0827-8269310
官网：www.guangwushan.cn

光雾山因常年云雾缭绕而得名，景区分为桃园、大坝、十八月潭、小巫峡四个景区。光雾山面积辽阔，景观众多，尤以红叶最为有名。

光雾山 800 多平方千米的景区有 500 多平方千米为红叶景观带，而景观带又分蓝、绿、黄、橙、红等色调，红叶周期可达一个月，从五彩斑斓看到漫山红透，颇为壮观。每年 10 月 18 日固定举办红叶节。

桃园景区以喀斯特峰丛为主，整个景区较大，你可以用观光车结

光雾山秋色正浓

合步行的方式进行游览。沿着蜿蜒的溪流前行，两岸奇峰林立，其中尤以燕子岩周边的峰林最为精彩。感灵寺是景区的终点，据说许愿非常灵验。

香炉山是大坝景区最高点，也是众多游客选择观日出、云海的地方。山顶住宿点较少，夏季多数游客选择在此扎营。山脚下的黑熊沟是摄影爱好者的聚集地，溪水映衬着红叶的场景堪称唯美。此外，景区还有不少人文景点。其中牟阳故城为古蜀道遗址，据说当年韩信"明修栈道，暗度陈仓"就是从牟阳城出兵北上，助刘邦夺取天下。

十八月潭景区以水景和漫山的红叶为主，景区内有光雾山最高峰。不过此景区位于光雾山西南部，需单独包车前往。景区内环境清幽，潭瀑众多，被称为"川东北的九寨"。

小巫峡景区以溶洞峡谷为主要景观，号称"蜀中一奇"。目前已开发的溶洞有二十余个，洞中有洞，洞内石柱石笋千姿百态。

小贴士 》》

1. 光雾山景区没有通票，各个景区单独售票，可视时间选择两三个景区游览，大坝景区和十八月潭是赏红叶的核心景点。

2. 四个景区相距较远，自驾较为方便。不过桃园景区禁止车辆驶入，要在景区停车后换乘观光车。

3. 景区内就餐不太方便，餐馆比较少且较为集中，可适当带些干粮。

4. 光雾山虽以红叶闻名，其实四季景色各有特点，无需拘泥于秋季。春季景区127种高山杜鹃盛开，美不胜收；夏季人较少，满山的绿色，生机勃勃，还可以玩水，是避暑的绝佳之地；而冬天景区则有壮阔无比的雪景。

② 探寻三国遗迹

广元位于川陕甘三省交界之处，历史上为兵家必争之地。三国时期，刘备势力、成都刘璋政权、汉中张鲁政权乃至后来的魏国、蜀国，在此多有交战攻伐之事，因而留下了众多的三国遗迹。

昭化古城

地址：广元市元坝区
交通：广元南河汽车站乘坐直达昭化古城的班车
门票：古城免费，部分景点收费
开放时间：全天开放

昭化古城是国内目前唯一保存完好的三国古城。古城内三国遗迹众多，民风古朴，素有"巴蜀第一县，蜀国第二都"之称。

昭化古城是中国古代最早推行郡县管理制度的县之一，是名副其实的巴蜀第一县。早在 2000 多年前，昭化便是著名的古战场，名曰霞萌关，是古蜀道上的咽喉。《三国演义》中张飞挑灯夜战马超和姜维兵困牛头山的故事，都发生在这里。现在的昭化古城是明代重建，古城的基本格局和规模都得以留存，城里至今还留存有三座城门，其中城西的战胜坝可以登临。城内的四条大街和五条巷道均用青石板铺就，街道两侧至今保存着完整的明清建筑，为典型的川北民居风格。

值得一提的是昭化古城本身并不收门票，若想参观考棚、县署、文庙、敬侯祠、城门楼五处城内景点，收通票58元，不过这些景点都是翻修重建的，不建议进去参观。反而不收费的益和堂和张家大院较为值得参观。如果想要在古城留宿一夜，春秋苑是不错的选择。此外，古城还有众多美食小吃店，都值得一尝。

剑门蜀道

地址：广元市剑阁县剑门关镇
交通：广元南河汽车站有直接到剑门关景区的班车
门票：115 元
开放时间：8:00~18:00
电话：0839-6750978
官网：www.zgjmg.com

剑门蜀道在很多人看来就是广元旅游的代名词，李白一句"蜀道难，难于上青天"更是这里最佳的广告词。剑门蜀道历史悠久，肇始于西周，使用至民国，民间至今仍在使用，历史跨越3000余年。不过随着国道和高速公路的开通，这里已经失去了想象中的惊险。

剑门关是剑门蜀道的核心，历来是出入四川的

重要关卡，历史上发生过上百次战争，从未被正面攻破。三国大将姜维曾在此驻守，李白《蜀道难》中慨叹"一夫当关万夫莫开"说的就是这里。剑门关由于是蜀魏交战的重要场所，故三国文化遗址、遗迹颇多。主要景点有剑门关楼、姜公祠、姜维墓、梁山寺、鸟道、一线天等。

剑门关景区共有三个大门，一般游客选择从南门进、南门出。南门有到山顶东门的观光车，体力不好者可以直接坐车到东门，从东门进、一路下行南门出。北门有索道上顶，时间赶的游客，可以从北门进，直接坐两次索道上山顶，再选择一路下行从南门出或坐车从东门出。若体力好，强烈建议步行游览。若想要体验剑门蜀道的惊险，鸟道是你不该错过的。除了探寻古遗迹，还应尝尝当地有名的剑门豆腐，刘娃子豆腐店是不错的选择。

翠云廊

地址：广元市剑阁县
交通：广元南河汽车站有车直达景区
门票：50元
开放时间：9:00~18:00

　　翠云廊，又称"皇柏""张飞柏"，蜀汉大将张飞曾在这里发动大规模的植树活动，造就了这一条浓绿欲滴的翡翠画廊。以剑阁县城为中心，分布在300余里的古驿道上，东至阆中，西至梓潼，北至昭化。虽历经千古沧桑，仍然生机盎然，是世界罕见的人工植造的古老行道树群体，被誉为世界奇观、蜀道灵魂。千百年来，翠云廊古柏累受天灾人祸的袭击，而今保存下来的只有廊道古柏7900多株。虽然比原规模小了许多，但气势如故，古貌犹存。

③ 去看新北川

　　一座座碉楼拔地而起，人们的脸上挂着微笑。漫步于新北川，你可能不会想到，几年前这里还是一片废墟。来看看新北川吧，这里曾汇集了全球的目光和诸多难忘的回忆，一草一木都有着别样的感情。

北川羌城旅游区

地址：绵阳市北川羌族自治县永昌镇
交通：先从成都乘大巴前往绵阳，然后在绵阳换乘新北川安昌镇的大巴可到
门票：免费开放
开放时间：9:00~16:30
电话：0816-4822999
官网：www.bcqclyq.com

　　北川羌城旅游区由北川老县城地震遗址、5·12汶川特大地震纪念馆、巴拿恰特色商业街、羌族民俗博物馆、吉娜羌寨、寻龙山和维斯特农业观光园等景点组成。

　　北川老县城地震遗址完整保存了汶川地震时受灾惨烈的原貌，地震之惨烈让人触目惊心；5·12汶川特大地震纪念馆很值得一览，这里

1 北川巴拿恰广场
2 北川县城风光

重在向人们普及地震知识，体验地震给人们带来的巨大灾难。全馆分为时空隧道、灾难现场、解密地震、穿越断裂带、震前防御、应急与救援六个部分，既能让人学到知识，又能让人身临其境，感同身受，从而更加珍惜生命。

而羌族民俗博物馆、吉娜羌寨和巴拿恰商业街则向我们展示了浓郁的羌族风情。羌族民俗博物馆是全国唯一全面展示羌族历史文化的民俗博物馆；吉娜羌寨是羌族文化体验观光地，也是羌族传统文化保存最完整的村寨。在寨中，可以观神奇建筑，赏民俗风情，品特色美食；巴拿恰商业街以羌族建筑风貌为特色，可以在此探访北川的羌绣、水磨漆、奇石、山珍、药材等店铺，精选心仪产品，有时还会有独具特色的羌婚展示。

当然，若是想休闲观光，在北川羌城也能找到合适的去处。寻龙山以喀斯特地貌和砾岩群为特色，自然景观奇特，景区内龙隐镇还是西南地区最大的影视拍摄基地；在维斯特农业观光园可以看到各种奇花异草和优质瓜果，是亲近绿色的好去处。

旅游区各景点相对分散，多数游客的第一站选择巴拿恰特色商业街，然后乘坐大巴或出租车前往吉娜羌寨，车程十多分钟。不过若是要前往北川老县城地震遗址、5·12汶川特大地震纪念馆就稍远了，自驾的话也只能停在地震纪念馆，然后换乘观光大巴。

2

4 千年古城玩"穿越"

想参与一场古代的科举考试吗？想夜晚伴着更夫的巡夜声入睡吗？想在街头欣赏古代将士的风采吗？那么就来阆中吧，这座古城让你很轻松便能"穿越"回千年之前。

阆中古城

地址：南充市阆中市滨江路
交通：成都市梁家巷北门汽车站和南充城北汽车站都有直达阆中古城的班车
门票：进入古城免费，内部景点收费
开放时间：旺季 8:00~18:30；淡季 8:00~18:00
电话：0817-6232439
官网：www.alangzhong.com

阆中古城三面环水，一面靠山，风景秀丽，自古有"阆苑仙境"之美誉。古城历史悠久，自古即是巴国蜀国军事重镇，至今已有 2300 多年的历史，为中国四大古城之一。阆中古城的建筑风格体现了我国古代的居住风水观，玄妙的风水布局，让你仿佛穿越到千年前的中华大地。

古城有多个入口，状元坊为主要入口。城内街道布局基本呈东西或南北走向，大多数十字路口都有清晰的导览图指示牌，不用担心会迷路。古镇推出有更便宜的五大核心景点 120 元和十大景点 130 元两种联票，可以根据需要进行购买，当然你也可以各个景点单独购票。

古城内有观光车在五大核心景点和南门城墙、游客中心和北门之间运行，20 元每人，可全天在古城内任意站点换乘。不过，如果不是赶时间的话，建议步行，古城不是很大，步行可以更好地感受古城点点滴滴的细节。

城内有众多景点是你不该错过的，可以在义秉千秋的汉桓侯祠中凭吊张飞；在全国最大、保存最完整的四川清代贡院中体验一场仿古科举考试；在被誉为"阆苑第一楼"的华光楼上一览古城全景；在被伊斯兰教所向往的"东方麦加城"巴巴寺欣赏风格独特的建筑；在秀丽的锦屏山顶俯瞰古城风水的奥秘。此外，走进阆中古城，就仿佛穿越到了明清时期。身旁是保存完好的古民居，刚回过神，不时出现的张飞巡城、秀才赶考等民俗活动又把你拉回穿越了的错觉。

建议在阆中古城住上一夜，找家喜欢的客栈安顿好后，就可以在古城内寻觅美食了。古城内有众多小吃，足以让你大饱口福。入夜后的古城安安静静，只有古朴的房檐上挂着的灯笼在风里摇曳，古城的韵味在此刻绵延悠长。

125

川东北
旅游攻略

川东北旅游交通示意图

　　川东北是对四川东北部的简称，一般包括南充、达州、广安、广元、巴中，这里我们将绵阳也放在其中。川东北旅游资源丰富，优美的自然风光与厚重的历史文化让人流连忘返。

北部广元不仅是女皇故里，还拥有众多三国遗迹，剑门蜀道可谓大名鼎鼎。而每年的 9、10 月份，巴中的光雾山火红的枫叶吸引了众多游人前来。

南部拥有中国四大古城之一的南充，古城内为数众多的古民居是你不该错过的景观。此外，南充还是朱德元帅的故乡。

西部绵阳保留了不少历史文化遗迹，还是中国重要的科技城市，推荐去看看地震后崛起的北川新县城。广安则以邓小平故里而广为人知。

东部达州有名景点较少，若是前来，八台山是不错的选择。

🚐 交通

飞机

广元盘龙机场位于广元市利州区盘龙山上，距市区仅 14 千米，从广元可直飞广州、深圳、杭州、北京、上海等地。市内乘 12 路可抵达机场。

南充高坪机场位于南充市高坪区青松乡，距市中心 10 千米。现已开通至北京、上海、广州、深圳、三亚、桂林、拉萨等城市的航线。市内乘机场巴士路、43 路公交可到。

绵阳南郊机场位于绵阳市涪城区机场东路 2 号，距市中心 10 千米。从机场可直飞北京、长沙、广州、海口、杭州、上海等城市，市内乘 79路、75 路等公交可达。

火车

广元站位于广元市利州区则天路。每日途径广元开往北京、上海、成都、西安等各大城市的列车很多，市内乘空港巴士 301 路快线可快捷到达。

巴中站位于巴中市巴州区，是达巴铁路、广巴铁路的一个车站，是连接达州、广元两地的交通枢纽。从广元乘火车 2 小时可到达州。

南充有南充站和南充北站两个火车站。南充站位于南充市顺庆区铁欣路 1 号，是达成铁路上的一个站点，发往达州、广安的列车在此乘坐。南充北站位于南充市顺庆区漾华北路，是南充新建成的火车站，在兰渝铁路上，发往广元的列车在此乘坐。此外，两站都有发往成都东的动车。

绵阳站位于绵阳市涪城区临园路西段 62 号，北上可直达北京、上海、青岛、西安等城市，南下可到达成都、昆明等地。市内乘 2 路、3 路、11 路等众多公交线路都能前往绵阳站。

汽车

广元市内汽车站很多，主要有长途汽车客运站、北门汽车站、南河汽车站等。其中游客常用到的是南河汽车站，从这里出发可至昭化古城、剑门关等景点，还可前往成都、绵阳等地。

巴中有江北客运中心、兴文汽车客运中心、恩阳马鞍汽车站等汽车站，去往光雾山和诺水河的班车都在江北客运站乘坐，市内乘 179 路公交可到。

南充对旅游较为有用的汽车站有马市铺车站、

南充客运站、城北汽车站等，其中去往阆中的班车在城北汽车站乘坐；马市铺车站有发往广元、广安、剑阁等地的班车；而南充客运站则有前往成都、重庆、乐山、宜宾、昆明等地的班车。

绵阳有汽车客运总站、富乐汽车站、平政汽车站、南湖汽车站等众多的汽车站。其中前往成都的班车多在汽车客运总站，而若想从绵阳乘汽车前往九寨沟，则需从平政汽车站乘车。

市内交通

广元市内公交车票价2元；广元市内出租车起步价5元2千米，超出部分每千米运价为1.6元，拼车现象常见。

巴中市内有多条公交线路，其中6路公交可前往火车站；巴中市内出租车起步价为5元1.5千米，超出部分每千米运价白天为1.40元，夜间为1.60元。

南充市内除了普通公交车外，还有三条（游1、游2、游3）旅游专线公交车，很适合在市内旅游的游客。南充市内出租车起步价白天6.5元，夜间7.5元，运价每千米2.2元。

绵阳市内公交线路很多，60路公交往返于平政汽车站与绵阳火车站之间；3路、22路、42路等众多公交线路可至富乐汽车站，从车站步行即可到达绵阳科技馆。绵阳市内出租车起步价5元1.5千米，运价每千米1.4元，晚上十点过后是1.7元。

🏠 住宿

多数游客把广元作为旅游中转与顺便游览，选择住在火车站、客运站附近或是市中心都可以。而前往巴中的游客，目的地多为光雾山，因此在市内住宿并无必要，可选择住在光雾山附近。南充的住宿集中在顺庆区的北湖公园，此外，若是前往阆中推荐留宿一晚，古城中特色客栈很多，住下来还能体验下阆中古城夜晚的韵味。一般来说没有必要在绵阳住宿，若是打算住上一晚，可以选择涪城区。

广元利州大酒店

广元老牌三星级酒店，基础齐全。地理位置是这家酒店最大的优势，酒店位于广元步行街旁边，穿过步行街就到了嘉陵江边，江边不仅有小吃一条街，还有酒吧一条街，购物、娱乐、寻美食都很方

便。还有一点值得称道的是，酒店提供自助早餐，并且味道很不错。

位置：广元市利州区政府街 109 号
电话：0839-6166666

光雾山欣乐园宾馆

宾馆距光雾山景区很近，因此价格波动较大，红叶节期间入住价格较贵，性价比不高。店主人待人很热情友好。宾馆条件一般，不过好在设施还算齐全。早上宾馆提供丰富的早餐，价格很实惠。

位置：巴中市南江县光雾山镇月琴路 46 号
电话：0827-8882526

阆中土生金客栈

又称土生金钱庄，是清初徽州商人胡氏修建的一座钱庄，现改设为一座三星级客栈，为川北地区现唯一保存最完好的一座徽派风格的建筑。房间家具古朴典雅，每间客房均放置有书籍供客人翻阅。

位置：南充阆中市阆中古城大东街 50 号
电话：0817-6221880

绵阳顺辉城市客栈

客栈位于绵阳市中心，地理位置优越，毗邻两个购物中心，离有名的小吃街马家巷也不远。酒店大堂宽敞大气，房间装修风格简约又不失精致，墙上有精美的挂画，床品及洁具都不错，卫生间很大，水温、水压都很合适。总之性价比很高。

位置：绵阳市涪城区正北街 13-27 号顺辉国贸商厦 5 楼
电话：0816-2221888

◉ 美食

　　川东北除了川北凉粉好像并无大名鼎鼎的美食，不过想在本区域大快朵颐一番也并非难事。这里能找到许多满足味蕾的小店，味美又实惠。此外，剑门关的豆腐宴是你不该错过的，俗话说"不吃豆腐宴，枉走剑门关"，让你的剑门关之行更完美些吧。

刘娃子豆腐店

　　不吃剑门豆腐，枉游天下雄关。剑门关最有名的就是剑门豆腐宴了。刘娃子豆腐在剑门关还是很有名气的，就位于剑门关景区南门的姜维停车场对面。他家的菜品主要以豆腐为主，一道普通的豆腐可以做出很多道菜来，非常有特色。推荐招牌菜怀胎豆腐，不仅柔滑水嫩，还很入味儿。

位置：广元市剑阁县
人均：50 元
电话：0839-6750036
推荐：怀胎豆腐、姜维豆腐

川北凉粉

　　川北凉粉是四川很有特色的一道美食，深受人们的喜爱。巴中的这家川北凉粉店面不大，却是有多年历史的老店了。虽然店内环境一般，但凉粉的味道很赞。白白净净的凉粉是纯手工制作的，加入了秘制的辣椒油和各种调料拌匀，入口滑滑的，口感很细腻。店内除了凉粉，还有各种小吃，价格非常亲民。

位置：巴中市巴州区新市街 376 号
人均：20 元
电话：0827-5799088
推荐：三鲜冰粉、小汤圆、手搓冰粉

蒋杂酱

　　阆中古城除了牛肉、凉粉，还有一样特色美食，就是阆中的面食，面食也是阆中人民生活中不可缺少的食物。蒋杂酱的杂酱面做得非常好，在阆中古城小有名气，店面不大，环境一般，但生意非常好，经常满客。店内比较受欢迎的美食除了杂酱面还有猪脚，杂酱面吃起来很劲道，猪脚肥而不腻。

位置：南充市阆中市阆中古城状元坊附近
人均：15 元
营业时间：16:00~20:00
推荐：杂酱面、红烧猪蹄

马家巷小吃一条街

马家巷是绵阳最具代表性的小吃一条街，位于绵阳市中心，临近绵阳市中心医院，各路公交车都有，交通优势明显。整条巷子虽然不长，但密密麻麻汇集了众多小吃摊，食客络绎不绝。绵阳的特色小吃在这里基本上都能找到，推荐余妈妈兔头锅盔、江油肥肠、小小吃、开元米粉等特色小店，味道都很不错。

位置：绵阳市涪城区
交通：市内乘 69 路、28 路等公交车在红星楼站下车，步行可到

ChuanDongNan

川东南
美景伴美食的度假胜地

　　不同于成都的游人如织，也不同于阿坝的惊世骇俗，川东南以气定神闲的姿态面对游人。这里是竹的海洋，几万余亩翠竹清凉了整个夏日；这里是白酒之乡，一壶美酒醉了千年时光；这里是富饶之地，小河帮菜惊艳了谁的舌尖？美景伴美食，川东南以度假的闲适温馨拥你入怀。

读懂
川东南

A 一壶美酒醉了千年时光

众所周知，四川是中国的白酒之乡。而川东南可以称得上四川著名白酒的聚集地了，地理位置的优越使得这里富饶丰产，而从这里发源的赤水河，则造就了"酒都"宜宾与"酒城"泸州的美名。八大名酒中的两种即出产于此——宜宾五粮液和泸州老窖。除此之外，泸州郎酒也鼎鼎大名。

据史料记载，宜宾酿酒的历史可以追溯到先秦时代，历朝历代均有美酒佳酿问世，至今已拥有近4000年酿酒史。而宜宾的"僰"民族早在3000多年前的商周时期，就学会了人工酿酒，酿出了名为"蒟（jǔ）酱"的酒和窨酒，开创了西南古僰道酒文化的先河，故有"僰道酒香三千年"之说。宜宾酿酒传至唐宋时期，已经达到了相当规模。明朝时期，宜宾人酿造了闻名于世的"杂粮酒"，其窖池至今仍由五粮液集团使用，是目前国内窖龄最长的酿酒老窖。

值得一提的是，北宋元符元年（1098年），知名的诗人、书法家黄庭坚谪居戎州时仿王羲之《兰亭集序》中"流觞曲水"意境所开凿的流杯池公园也位于宜宾，是目前国内保存最完整、内容最丰富的酒文化遗迹之一。

泸州酒业最早可追溯到秦汉年间，兴于唐宋，盛于明清，与悠久的巴蜀文化一脉相传。泸州从汉代开始酿酒并兴起了"以酒祭祀""以酒宴乐""以酒赋诗"等活动。古往今来，历代文人墨客留下了众多赞美泸州美酒的诗词歌赋。其中影响最大的是被称为"巴蜀第一才子"的清代著名诗人张问陶，他的名诗"城下人家水上城，酒楼红处一江明；衔杯却爱泸州好，十指寒香给客橙"，道出了对泸州美酒的喜爱。

如果想了解川东南的酒文化一点儿都不难，这里有众多博物馆、酒文化遗迹等，此外那些闻名全国的酒厂多半都设了参观酒厂或酒窖的旅行线路，有兴趣的话不妨前往。

泸州国窖广场

自贡灯会灯展

B 自贡灯会：流光溢彩的世界

作为"南国灯城"，每年春节期间，自贡都会举办灯会。此时的自贡宛如彩灯的海洋，到处流光溢彩。而每年的这个时候，跟随家人去彩灯公园看各色花灯如何把夜空装点得五彩缤纷，也成了自贡人童年最美的回忆。

自贡灯会有着悠久的历史。历史上元宵灯节和灯会是中国遍及汉民族居住地的重大年节活动，而自贡因其繁荣的盐业生产成为富庶之地，盐业经济的繁荣，使自贡地区形成了以盐文化为其特质的地域文化，同时也促进了这里民间娱乐活动的发展，因而自贡年节灯会更加热闹繁荣。

据史籍记载，唐宋时自贡地区已逐步形成新年燃灯、元宵节前后张灯结彩的习俗。当时自贡地区新年燃灯和元宵放灯之时，民间杂技、杂耍等表演活动亦尽现其间，深得观灯民众的喜爱。延至清代即有"狮灯场市""灯竿节"，每逢节日之时，灯彩照夜，炬光映天，民间狮灯舞、龙灯舞、花灯舞、戏剧杂技，竞相献艺，游人如潮，观者如堵。

而中华人民共和国成立后，不少地方都办起了灯会，如成都的"春节灯会"、黑龙江哈尔滨每年举行的"冰灯游园会"等，而盐都自贡因悠久的历史底蕴是灯会坚持得久、发展得好，并且做成了品牌的城市，因而赢得了"天下第一灯"的美称，成为了中国彩灯文化的突出代表。

现在，自贡灯会已经大名鼎鼎，春节期间许多游客慕名而来。据统计，2015年自贡灯会期间共接待中外游客200多万人次。自贡灯会最显著的特色之一，就是历届灯会均组织几十组大中型组灯和数千只工艺灯参展。宏大的规模形成一片彩灯之海，仿若仙境，且灯组体量大，气势壮观。漫步其间，入目万紫千红之光，令人惊叹不已。

川东南

3 种极致体验

有趣的博物馆 / 古镇里的悠长时光 / 翠竹的海洋，溶洞的故乡

① 有趣的博物馆

如果你想在川东南体会下历史和人文的话，自贡绝对是不错的选择。它既有"千年盐都"的盛誉，又有"恐龙之乡"的称谓，亦有"南国灯城"的美名。而围绕这些文化名片为中心的博物馆除了知识的介绍，还有有趣的体验。

自贡恐龙博物馆

地址：自贡市大安区大山铺 238 号
交通：市内乘 15 路、35 路、7 路等公交车到恐龙馆站下
门票：42 元
开放时间：8:30~17:30
电话：0813-5801234
官网：www.zdm.cn

曾经，美国大片《侏罗纪世界》让我们大开眼界，也令我们被那个时代的神秘所深深吸引。在自贡恐龙博物馆就有机会与这种史前大动物来一次亲密接触。恐龙博物馆建在世界著名的"大山铺恐龙化石群遗址"上，是我国第一座专门性恐龙博物馆，也是继美国国立恐龙公园、

自贡恐龙博物馆恐龙骨架

加拿大恐龙公园之后的世界第三大恐龙博物馆。

博物馆分恐龙世界、恐龙遗址、恐龙珍宝、恐龙时代动植物和恐龙再现等几个展厅，在这里我们可以了解到与恐龙相关的基础知识。恐龙世界是博物馆的主展馆，馆内宽敞宏大，以模仿恐龙生活的方式摆放着18具恐龙骨架，其中天府峨嵋龙是最引人注目的一具。它高约10米，全长约20米，看起来非常震撼。恐龙遗址厅总面积1500平方米，是目前世界上可供参观的最大规模恐龙化石埋藏现场。数以千计的化石首尾相接，排布有序，令人眼花缭乱，叹为观止。而恐龙再现则以声光电模拟出恐龙当年生活的场景，非常真实。

若是走马观花地看，整个博物馆半个小时即可游览完毕，因此建议请个导游讲解，增加趣味性与知识性，约需两个小时的时间。

盐业历史博物馆

地址：自贡市自流井区解放路 107 号
交通：市内乘 3 路、33 路、34 路、40 路等公交车到沙湾站下车，步行即到
门票：22 元
开放时间：8:30~17:30
电话：0813-2202083
官网：www.zgshm.cn

千年盐都，自贡盐业历史博物馆是其美丽的缩影。博物馆收藏有历史井盐工具、契约、账册、岩口薄等珍贵文物，展示了两千多年来，中国古代劳动人民对人类文明做出的重要贡献。其中世界上唯一一套完整的古代顿钻工具看点十足，馆中也有一些可以亲自操作的模拟道具。

1 盐业历史博物馆外观
2 燊海井古制盐工艺

自贡盐业历史博物馆原为到自流井经营盐业的陕西盐商集资兴建的西秦会馆。始建于清乾隆元年（1736 年）。因此在了解自贡盐业史的同时，也相当于完成了一次古代建筑的观赏之旅。整个建筑群设计精巧，融明清两代宫廷建筑和民间建筑于一体，规模宏大、金碧辉煌。建筑中木雕、石刻、彩绘、泥塑更是精妙绝伦，令人目不暇接。

链接：自贡盐业的发展

自贡凿井制盐，发端于东汉章帝时期（公元 76—88 年），经魏晋南北朝时渐具规模，唐宋时期已经闻名于世，明清时期进一步发展，到清咸丰同治年间（1851—1874 年）趋于鼎盛，成为全国井盐的中心。

自贡盐业迅速的发展离不开精湛的钻凿井技术，而燊海井是其精湛的钻凿井技术的开端。燊海井开凿于清道光三年（1823 年），道光十五年（1835 年）凿成，历时 13 年，井深 1001.42 米，是世界上第一口超千米的深井。燊海井开凿成功后，各地盐商纷至沓来，凿井设灶。最盛时期，周围 1.2 平方千米的地方，就先后钻井 198 口，呈现"天车"林立、锅灶密布、视管纵横、云蒸雾蔚的繁华制盐景象。

燊海井

地址：自贡市大安区大安街 289 号
交通：市内乘 3 路、5 路、31 路等公交车可到
门票：20 元
开放时间：8:30~17:00
电话：0813-5106214
官网：www.zgshjly.com

如果说盐业历史博物馆像是教科书博物馆的话，那么燊海井则是活着的博物馆。燊海井不仅是自贡对外开放的旅游景点，更是一个几百年的遗存并且每天生产 2 吨盐的盐井矿。游人的到来丝毫不会影响这里工作的人们，也因此可以在这里看到原始产盐的全过程。

跨门入内，左侧是高为 18.4 米的井架和碓房，右侧为推汲卤水的大车房。从碓房和大车房之间拾级而上，是采用传统的煎制方法生产食盐的灶房以及柜房和盐仓。在这里，你会为工人们原生态的工作方式而感动，为古人的智慧而肃然起敬。整个景点较小，一个小时的参观时间已足够。

中国彩灯博物馆

地址：自贡市自流井区中华路公园路 6 号
交通：自贡市内乘坐 1 路、2 路、301 路等公交车到彩灯公园站下车，步行即到
门票：40 元
开放时间：8:30~17:30
电话：0813-2304003
官网：www.lantern-museum.com

中国彩灯博物馆坐落于自贡市彩灯公园内，是中国乃至世界唯一的一座关于彩灯文化的专业博物馆。整体建筑以灯为主题，远看仿佛一组大型宫灯。

博物馆以序厅、中国灯文化历史、中国灯文化艺术长廊、自贡灯会历史与发展、自贡灯会精品浏览、自贡灯会工艺流程、自贡灯会特殊材料和中华彩灯大观以及多媒体演示为基本陈列，展现了一轴中国彩灯文化仪态万方的瑰丽画卷。

除了自贡灯会期间，彩灯博物馆内通常游人不多，一个人静静观赏各种彩灯，了解下中国灯文化的历史很不错。不过有时由于人少，馆内的灯若是没有开，可让工作人员打开。自贡灯会期间，彩灯公园流光溢彩，可观赏完彩灯顺便来此了解下中国灯文化与灯会的历史发展。

1 第14届自贡灯会佳作九龙鼎
2 远眺李庄古镇
3 李庄古镇慈光寺

146

② 古镇里的悠长时光

游川东南，在李庄吃白肉、在佛宝游古街、在尧坝喝茶、在罗泉逛盐神庙，畅享古镇里的悠长时光。

李庄古镇

地址：宜宾市翠屏区李庄镇
交通：宜宾南岸汽车站有车发往李庄，班次密集
门票：免费
开放时间：全天开放
电话：0831-7897789
官网：zglzgz.com

文物古迹众多，人文景观荟萃，古建筑群规模宏大，布局严谨，比较完整地体现了明清时期川南民居、庙宇、殿堂等建筑的特点。这就是李庄，一个长江边上的千年古镇。

精湛的古建筑艺术是李庄古镇最大的看点。旋螺殿位于李庄镇南 2.5 千米的石牛山上，整个建筑以不用一颗铁钉为特点，殿身为橘红色，令人赏心悦目；张家祠始建于清道光十九年，祠内厅房上有 50 扇门窗，每扇窗上均雕刻着形态不一的两只仙鹤，共 100 只，被称为百鹤祥云窗，为梁思成盛赞的李庄"四绝"之一；慧光寺是李庄现存最大的清代建筑，这里的九龙石碑远近闻名。寺内的戏台是四川保存最完整的古戏台之一，戏台台基上有单钩栏古代戏剧故事浮雕。

欣赏完规模宏大的古建筑群，可以随意在古镇内的街巷中走走。席子巷是李庄保存的 18 条古街巷中的代表，席子巷过去为前店后厂加工和销售草席的一条约 60 米长、2.5 米宽的小巷，从下仰看仅见一线天，两边房屋为木结构穿斗小青瓦一楼一底

1 古色古香的李庄街巷
2 著名的李庄白肉
3 佛宝古镇

民居。平日，席子巷十分静谧清闲，只有三两妇女、老人和坐在石阶上静静玩耍的孩童。在这条小巷中走走，会有别样感受。

来李庄还有一件不可不做的事，就是品尝著名的"李庄三白"，即白酒、白糕、白肉。李庄白肉，晶莹剔透，肥而不腻，堪称李庄一绝。此外，李庄交通方便，古镇内住宿并无必要。

佛宝古镇

地址：泸州市合江县城东南 42 千米的大漕河畔
交通：先从泸州广场汽车站乘坐到合江县的班车，然后从合江汽车
　　　站转乘去佛宝古镇的班车
门票：免费
开放时间：全天开放
电话：0830-5700030

佛宝古镇早在唐宋时期即为川盐入黔的盐道必经之地，元末明初形成商贸集镇，始称新场，清康熙时始称佛宝，后又改称福宝。古镇96%以上的民居仍为

明清建筑，一般是一楼一底、前店后宅的格局，灰瓦、白墙、青石板的天井，典型的川南民居的风格。

古镇入口处是回龙桥，旁边就是贯穿整个古镇的回龙古街。古街完全是由青石板铺就，随着山势和两旁的房屋，街道时而宽时而窄，起起落落，蜿蜒前行。沿街可参观清源宫、万寿宫、火神庙等主要景点。从火神庙前的石阶右拐上去，可登高俯瞰古镇全貌。江河、山势、田野和古镇房屋和谐交融，一派山水田园风光。

尧坝古镇

地址：泸州市合江县尧坝镇
交通：泸州广场汽车站有到尧坝镇的班车
门票：旺季 30 元；淡季免费
开放时间：全天开放
电话：0830-5633001
官网：www.yaoba.net

尧坝古镇是合江县最早出现的城镇之一，古镇位于川南黔北结合部，汇集了川、黔两省的浓厚历史文

1

化和古风民俗，形成独具特色的中国西部川黔古镇，是享誉川黔的文化名镇、影视基地、佛教圣地。

尧坝古镇的游览线路很简单，整个古镇被一条老街贯穿，街道两旁是热闹非凡的店铺与风貌古朴的建筑。古街的入口处有一进士牌坊，上面的字迹因被风化而无法辨识。再往里走便是王朝闻故居，然后一路向前经林家铺子、李子英故居便来到了凌子峰影视陈列馆，馆内除了一些照片，还有凌老离家前亲手种下的榕树，如今枝繁叶茂，以奇特的方式展现出生命的顽强。再往里走过慈云寺就来到因电影《大鸿米店》而出名的大鸿米店，它也是尧坝古镇中最有气势的建筑。不妨在这里点杯茶，慢慢欣赏前后院全木质串架建筑的特色。街尾处是娘亲古榕和中公馆，周公馆内陈列的木雕尤为精美，值得一看。

整个古街约一千米，游览下来时间不长，不过你也可以多花些时间慢慢品味其中的市井百态。大鸿米店对面有吃饭的地方，古镇内还有泸州名产油纸伞作坊，感兴趣的话可以观看制作过程，带把油纸伞走。

罗泉古镇

地址：内江市资中县罗泉镇
交通：内江晏家湾汽车站每天多班有发往罗泉的班车
门票：免费
开放时间：全天开放

罗泉古镇是中国 100 个千年古镇之一，距今已有 1700 多年的历史。罗泉闻名最初得益于清朝中叶盐井的发现，那时罗泉镇商贾云集，热闹异常。

如今的罗泉古镇，五里古街，青砖黑瓦，全都是明清建筑，一派古朴；盐神古庙，天下无二，庙内端坐着最早制定盐政大法《正盐筴》、春秋齐国杰出政治家管仲的塑像；逼仄小巷遮掩之下，是盐马古道，当年马蹄声声的块块石阶，如今已归于沉寂；还有昔日福音堂，因同盟会会员龙鸣剑、秦载赓发起的"罗泉会议"而名声大噪。

随意穿梭在罗泉的大街小巷，都能感受到小镇古老而淳朴的气息。历经沧桑的罗泉人勤劳朴实、憨厚大方。女人们喜欢在亲密的聊天中忙碌自己手中的针线活，老人们一边喝茶一边听戏，温暖的阳光照在他们满足的脸上。仅五里长的老街上茶馆就有十多家，生意颇为兴隆。在这里的任何一个茶馆，可以边喝碗盖茶，边摆"龙门阵"。听老人们用地道的天府话讲述古镇辉煌的昨天。

1 罗泉古镇盐神庙
2 翠竹掩映的墨溪

1

3 翠竹的海洋，溶洞的故乡

蜀南竹海与石海洞乡是宜宾非常值得一去的景点，前者堪称竹的海洋，后者则是石林溶洞的故乡，是亲近大自然、体验自然奇妙的不错之选。

蜀南竹海

地址：宜宾市长宁县与江安县交界处，万岭镇和万里镇上
交通：宜宾市南岸客运站和成都南门客运站每天都有班车直达景区
门票：旺季 110 元；淡季 60 元
开放时间：9:00~17:00
电话：0831-8885199
官网：www.snzh.cn

蜀南竹海以万顷竹海著称，景区 7 万余亩翠竹覆盖了 27 条峻岭、500 多座峰峦，可谓竹的海洋。在炎热的夏季，这里却清凉无比，堪称避暑胜地。

整个景区较大，但景区内部无旅游观光车，因此自驾最为方便。景区景点很多，翡翠长廊、七彩飞瀑、天宝寨、仙寓洞、龙吟寺、观云

亭、忘忧谷、墨溪等景点较为值得游玩。常规线路是从万岭镇的景区西大门购票进入，首先看到的是长宁竹海博物馆，出了博物馆往左走是墨溪，因河床边碧绿的青苔如墨玉一般而得名。沿着墨溪前行约1千米，就来到全长2700多米的竹海索道，乘索道俯瞰竹海全景，索道终点是竹海中心景点观海楼和翡翠长廊。

观海楼高六层，站在楼上俯视漫山竹海，很是壮观。观海楼下面有个小广场，四周有很多农家，可提供餐饮和住宿，走累了，可以在此小憩，顺便品尝景区特色美食竹笋，如果不过瘾，可以叫一桌"全竹宴"。满桌菜品都是竹制品，让人食指大动之余也带着一丝惊叹。小广场也是各种车辆的集散地，回宜宾和长宁县的班车都可在这里乘坐。

而后可以沿着清风送爽的翡翠长廊漫步，长廊东侧是景区内最大的湖——海中海，可在此乘坐竹排游玩。从海中海往前，可到达仙女湖、仙寓洞、天宝寨等景点。从天宝寨再往东3千米，就到了万里镇，这里也是蜀南竹海的东门。

石海洞乡

地址：宜宾市兴文县石海镇
交通：从泸州或者宜宾都有班车到兴文县，兴文县城到景区每日有
　　　多班客车
门票：90元
开放时间：8:00~18:00（夏季）；8:30~17:00（冬季）
电话：0831-8622078
官网：www.scxwsh.com

1 翡翠长廊
2 纵横交错的地下溶洞

兴文石海因石林溶洞遍布周边17乡，故有"石

海洞乡"之誉，是我国喀斯特地貌发育比较完整的地区之一。整个景区分为石林、石海、溶洞三个部分，地表奇峰林立，地下溶洞纵横交错，上下相映，与竹海、恐龙、悬棺并称为"川南四绝"。

景区"天然大漏斗""中国天然游览长度最大的溶洞——天泉洞""大型地表石海""天下第一石虎"四绝共生构成了世界级喀斯特景观。其中天然大漏斗直径 650 米，深 208 米，超过号称世界第一的美国阿里西波大漏斗（直径 330 米，深 70 米），堪称世界一绝。地表石海东西延绵二十余里，南北约八里。皑皑石峰，景象万千，宛若座座城堡。

川东南
旅游攻略

川东南旅游交通示意图

　　川东南是对四川东南部的简称，包括宜宾、自贡、内江、泸州四个市。北部是自贡和内江。自贡是个适合体会历史和人文的城市；内江因张大千的故乡而闻名。南部是宜宾和泸州。宜宾的蜀南竹海大名鼎鼎；泸州是中国著名的酒城，还有不少古色古香的小镇值得一去。

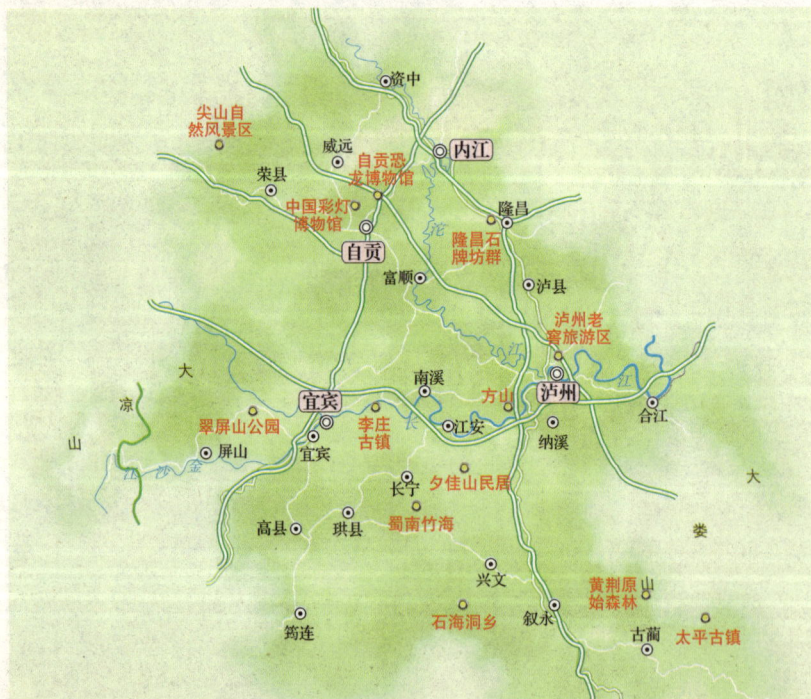

🚗 交通

飞机

　　宜宾菜坝机场位于宜宾市翠屏区菜坝镇，距离市区 7 千米。北京、上海、广州、深圳、杭州、厦门、青岛、昆明、拉萨、兰州、贵阳、丽江、西安、三亚、武汉等城市均可乘飞机前往宜宾。宜宾市内到机场也很方便，乘坐 8 路公交在宜宾机场站下车即到。

　　泸州兰田坝机场位于泸州市江阳区蓝田镇，为四川第三大航空港，已开通至北京、稻城、广州、深圳、贵阳、杭州、海口、兰州、丽江、武汉、西安等地的航班。

火车

　　成都、重庆、昆明、贵阳等地都可乘坐火车到宜宾。宜宾只有一个火车站，即宜宾站，市内乘坐 1 路、5 路、6 路、11 路等公交车在火车站下车即到。

自贡站位于自贡市大安区交通路，成都、宜宾、重庆、昭通、内江等城市都可乘火车抵达自贡，市内乘 2 路、7 路等公交车可到。

内江有内江站和内江北站两个火车站，内江站为普通车站，内江北站为高铁站，主要发往重庆、成都，市内 206 路公交连接两个火车站。

泸州没有火车站，外地游客可乘火车至重庆或成都，然后换乘汽车前往泸州。

汽车

宜宾有南岸汽车站、高速公路客运站、西门汽车客运站、临港车站等汽车站，对游客来说南岸汽车站、高速公路客运站已经够用，南岸汽车站主要发往市内周边县镇，前往蜀南竹海、李庄、兴文石海的班车从这里乘坐；高速公路客运站主要有发往省内各地及重庆的班车。

自贡汽车客运总站是自贡最主要的汽车站，这里有到省内几乎所有地级市及重庆的班车。

内江主要有汽车中心站、晏家湾汽车站、高速汽车站三个汽车站，境内公路纵横，约 2 小时可抵达成都。

泸州目前只有广场车站和客运中心站两个汽车站，其中位于泸州市龙马潭区的泸州客运中心站，堪称川东南最大的客运站，在此几乎可乘坐到本地任何方向乡镇县及省内各市的班车。市内乘 243 路、244 路等公交车可到。

市内交通

宜宾市内交通相对比较完善，机场、火车站、客运站和主要景点都可乘坐公交车前往，非常方便。其中5路公交车连接了南岸汽车站、火车站、西门汽车客运站和临港车站。宜宾出租车起步价4元1千米，超出后运价每千米1.6元或1.7元。

自贡公交车乘坐十分方便，彩灯公园、恐龙博物馆等主要景点都可乘公交车到达。自贡出租车起步价分4.5元与5元两种，起步里程1.5千米，超出部分都是每千米1.6元。

内江市内公交线路众多，可方便到达市内各地。内江出租车起步价4元1千米，超出部分每千米1.6元。

泸州除了线路众多的普通公交线路，还开通了旅游专线及机场专线，出行很方便。泸州市内出租车起步价6元2千米，超出部分每千米1.6元。

🏠 住宿

川东南不是旅游的热门区域，因此想找到住宿点非常容易。除了住在各市的市中心，还可以住在景点附近。宜宾和自贡建议住在老城区，老城区景点较多，方便游览，当然宜宾的蜀南竹海很值得留宿一晚。泸州市的宾馆酒店集中在报恩塔附近，这里也是泸州的商业区，吃住行都非常方便。

蜀南竹海诗竹园

蜀南竹海景区内的农家乐，离墨溪不远，夜晚很是安静，还能听得见潺潺的流水和昆虫的叫声。老板一家非常热情，会推荐旅游路线，还可以帮忙购买景区里划船、缆车的打折票。此外，推荐在客栈吃饭，老板娘手艺很赞，竹荪面、竹荪汤、爆炒竹荪蛋、素炒杂菌等都值得推荐。

位置：宜宾市翠屏区蜀南竹海博物馆正对面
电话：15984100766

自贡汇东大酒店

汇东大酒店是自贡的老牌酒店，酒店位于自贡市中心黄金地段，交通非常方便。酒店充分利用自贡的地方特色，以"盐文化"为主题打造前厅、客房。虽然是2001年开业的酒店，但装修并不显老旧，床睡起来也很舒服。

位置：自贡市丹桂大街99号
电话：0813-8288888

内江凯腾精品酒店

酒店交通便利，离酒店不远处就是公交车站，有公交车可到内江站和内江北站。酒店房间不大，好在干净卫生，设施齐全。装修很有特色，尽显温馨。酒店服务也不错，提供免费早餐，不过品种不多。总体来说酒店性价比较高，推荐入住。

位置：内江市市中区公园街
电话：0832-2242666

泸州千升酒店

酒店位于泸州市市中心繁华地带，距钟鼓楼和沱江都很近，入住后晚上可顺便到沱江和钟鼓楼逛逛。酒店一楼为大厅和早餐厅，二楼为小天鹅火锅食府，三楼到八楼为客房，客房干净卫生，并且窗户很大，房间中的小细节设计都显出人性化，非常推荐。

位置：泸州市江阳北路75号
电话：0830-6663333

◎ 美食

　　川东南富饶的物产使得这里美味佳肴众多，小吃大菜应有尽有。大名鼎鼎的宜宾燃面、自贡兔头自是不必多说，泸州白糕和内江凉粉也很值得一尝。此外，蜀南竹海的全竹宴也很有特色。

宜宾燃面

　　燃面是宜宾最负盛名的美食，市内大街小巷的燃面店，常常让游客不知如何选择，若是询问当地人，多数人会推荐人民路上的这家店。这是一家老字号的燃面馆，墙上贴满了各路明星大咖与老板的合影来彰显名气。燃面的味道中规中矩，并无十分惊艳的感觉，不过多数游客还是会慕名前往。

位置：宜宾市翠屏区人民路 21 号
人均：15 元
电话：0831-5172096
推荐：燃面、凉糕

光大老街兔

自贡是吃兔子的天堂，而光大老街兔是自贡颇为有名的一家店。一到饭点，小桌子摆起，不一会儿功夫就坐得满满当当的，以至于常常需要等座。推荐鲜锅兔和冷吃兔，兔肉很嫩，又麻又辣绝对解馋。每桌基本上都会来一份萝卜汤，清甜可口。

位置：自贡市大安区鸿鹤路 81 号华西蜀光茗居
人均：50 元
电话：0813-2703333
推荐：冷吃兔、鲜锅兔、火爆兔肚

同兴路美食一条街

每天晚上 6 点后，这里就沿街摆出无数的美食摊，加上原本就有的室内餐厅，堪称超大的美食聚集地。几乎自贡所有的美食在这里都能找到，且味道都不错。

位置：自贡市自流井区同兴路
交通：市内乘 40 路、301 路至同兴路站下车可到

王凉粉

王凉粉是内江最有名的小吃店之一，在内江市有多家分店。店面环境一般，位于商场一条巷道的位置，因此店面很窄，但不影响就餐。服务态度很好，从进门到用完餐走人，服务员都是客客气气的。店内有不同类型的凉粉。

位置：内江市东兴区步行商场内
人均：12 元
电话：0832-2276087
推荐：黄凉粉、刮刮粉

泸州白糕

泸州白糕是本地人从小吃到大的美食，这家店店面不大却人气十足，上午十点就已排起长队。白糕甜而不腻，软糯可口。除了白糕，店里的面也很受欢迎。此外，这家店的隔壁是家老字号豆腐脑店，再隔壁是一家猪儿粑店，味道都很不错，可顺便品尝。

位置：泸州市江阳区慈善路与肖巷子交叉口东北 50 米
人均：6 元
电话：0830-2392880

阿坝 *ABa*
遗落人间的仙境

很难找到一个像阿坝藏族羌族自治州这样汇聚万千风情的地方了，神秘奇特的自然风光和多元民族风情在此浪漫相遇。也许你觉得没有听说过阿坝，那么说起九寨沟你便会恍然大悟，那108个梦幻般的海子不知惊艳了多少游人。其实，俨然遗落人间仙境的阿坝拥有太多人间奇景，等着你来探索，来发现。

读懂
阿坝

Ⓐ 九寨天堂

鼎鼎大名的九寨沟可谓是阿坝乃至四川的一张旅游名片。古人称"天下山水之观在蜀"。而四川最具代表性的水之奇观非九寨沟莫属。

山若是有了溪水的环绕才有了生命和灵性，而九寨沟则是因有了众多妖娆的海子才有了震撼心灵的美景。"九寨归来不看水"，是对九寨沟景色真实的诠释。泉、瀑、河、滩108个海子，构成一个个五彩斑斓的瑶池玉盆，飞动与静谧结合，刚烈与温柔相济，能见度高达20米。

与中国多数风景名胜不同的是，九寨沟一直藏在深山人未识。到20世纪中叶前，都只有山间小道与外界相通，藏民在这里世世代代过着自给自足的生活。

外界最早有大队人马进入九寨沟是在1966年，这队人马来自林业部门。他们的任务不是保护景区，而是伐木。九寨沟的最大特色在于成群的湖泊和瀑布，而构成湖泊、瀑布的水源全靠森林涵养。所幸当时伐木技术比较落后，所以九寨沟的环境虽然遭到破坏，但没有很快毁灭。

1975 年，终于有一个农牧渔业部工作组对九寨沟进行了综合考察，得出了"九寨沟不仅蕴藏了丰富、珍贵的动植物资源，也是世界上少有的优美景区"的结论。同年，中国林科院院长、著名林学家吴中伦教授对九寨沟做了较为全面的考察。他身临其境，大为惊异地说，"我到过欧美数国，也从未见过这样奇美的自然景色。"随即上书四川省政府和省林业厅，要求很好地保护这里的自然景色。省林业厅立即发文指示县林业局："九寨沟则查洼、日则沿沟200米以外才准予砍伐。"这项措施力度虽然有限，却是林业部门保护九寨沟的最早举措。

壮观的九寨沟诺日朗瀑布

链接：全球那些妖娆的水

牵牛花池（Morning Glory Pool）：美国黄石公园最著名的地热泉之一，位于黄石公园的上盆地。绿如翡翠，清澈见底，周围镶上橙黄色花边。泉水内含有各种金属离子，在低角度光源的照射下，清澈的泉水更加湛蓝，金黄色的外缘更加鲜明，犹如一朵盛开的牵牛花，故称之为"牵牛花池"。

帕劳水母湖（Koror state）：在 1982 年被发现，1985 年正式开放观光，帕劳共有四个无毒水母湖，出于保护目的仅有一个对游客开放，是帕劳最著名景致之一，在全世界享有盛誉。湖中数种水母聚生，均是现今世界上少见的无毒水母。这儿的海水是半透明的绿，配上水母的暖橙，真的是难以言说的奇妙幻境。

赫利尔湖（Lake Hillier）：位于澳大利亚的米德尔岛上，湖面呈椭圆形，湖水呈粉红色，有人将其形容为一块蛋糕上的糖霜，为米德尔岛森林茂密的一角平添了几分奇异色彩，当地人称之为"大自然的少女心"。

哥伦比亚 CanoCristales：也叫作彩虹河，被盛赞为世界上最美丽的河流，这条河里有数量惊人、色彩多样的海藻，它们像画家的调色板一样浮荡在河床上，红黄蓝绿黑五色随季节变换，于是这条明净透亮的河流就有了多姿多彩的颜色。

1976 年 8 月因松潘地震的原因，时任四川省革委会副主任的蔡文彬到九寨沟游览。到了九寨沟，蔡文彬感到名不虚传，简直是个仙境般的旅游胜地，于是向四川省委汇报了九寨沟的情况，进而推动了九寨沟旅游项目的开发。虽然 1978 年 11 月 30 日，政府就下令停止在九寨沟伐木，但九寨沟伐木在几个月后才真正停止。

1991 年，中国向联合国教科文组织申报，把九寨沟列入"世界自然遗产目录"。次年底九寨沟"申遗"成功。

如今的九寨沟已名扬海外多年，置身九寨沟，如梦如幻。不论你仰望、俯视，还是左顾、右盼，迎接你的无处不是美景，以致许多观光者感叹：人在沟里走，如同画中行。

1 俯仰皆是美景
2 九顶山花开繁茂

1

B 三言两语话阿坝

很难找到一个像阿坝这样汇聚万千风情的地方了，神秘奇特的自然风光和多元民族风情在此浪漫相遇。

或许你并没有计划要来阿坝，也觉得对阿坝不甚了解。其实，俨然上帝后花园的阿坝，拥有太多圣洁而美丽的人间奇景。或许你没有来过阿坝，但对阿坝绝对不会陌生，因为这里有太多无人不知的盛景。九寨沟那些五颜六色梦幻般的海子，洗涤了多少游人的眼睛；郎木寺的夕阳，温暖过众多行人疲惫而又风尘仆仆的心；九曲黄河第一湾有着苍茫的落日美景；夏天时的若尔盖草原上灿烂的花海，被誉为都市人梦幻的天堂；秋季时的米亚罗红叶满山，成为摄影爱好者的天堂……阿坝，这个简单又朴实的名称背后，有着道不尽的吸引力。

除了壮美灵动的自然风光，阿坝还有着多彩的民族风情画卷。阿坝是四川第二大藏区和中国羌族的主要聚居区。阿坝藏族羌族自治州的藏族主要是安多藏族和嘉绒藏族，九寨沟一带主要是白马藏族等支系，这些支系来源于古老的氐羌部落。行走在阿坝，随处都能感受到浓郁的藏族风情。

阿坝的茂县、汶川、理县、黑水一带是羌族聚居区。古羌人是华夏民族的祖先之一，现代羌族有自己的语言但没有文字，他们信奉"万物有灵"的原始宗教。羌族习惯把村寨住房建在河谷或山腰，占据着比较有利的高位置，因此被称为"云朵上的民族"，他们挑花刺绣的民族服饰非常优美。来阿坝，可以挑选一两个感兴趣的羌寨游览，那高耸的碉楼很有特色。

C卓克基土司官寨与《尘埃落定》

随着《尘埃落定》被搬上银屏，电视剧的拍摄地卓克基土司官寨成为远近知名的旅游地。《尘埃落定》是藏族作家阿来的一部长篇小说。小说展现了独特的藏族风情及土司制度的浪漫和神秘。小说描写了一个声势显赫的康巴藏族土司，在酒后和汉族太太生了一个傻瓜儿子。通过傻瓜儿子的独特视角，述说了麦其土司由兴而衰的故事，同时又借此为载体，阐释了人类的多面性和世事的无常性。

1 桃坪羌寨碉楼
2 卓克基土司官寨

了解《尘埃落定》这部小说，也就可基本了解卓克基官寨的大致轮廓。卓克基土司官寨位于马尔康卓克基镇，即阿来的出生地，其规模庞大，构造精细，几乎囊括了嘉绒藏族建筑艺术的精华，是藏汉民族建筑艺术高度融合的典范。这里历史上的土司文化、土司制度、官寨文化，都成为了阿来创作《尘埃落定》的最好素材。

卓克基土司官寨始建于清代乾隆年间（1918年），后毁于大火，现存的官寨是1938年至1940年重建的。官寨依山而建，坐北朝南，其布局仿汉族四合院结构，上下五层，共有大小房间63间，是一座典型的嘉绒藏族建筑。现主要开放一至四层，一层主要是厨房经幡房和酿酒房等；二层有毛主席当年居住过的蜀锦楼，中央红军在官寨内召开"中央政治局常委会"的场景以及军用沙盘等历史文物及文字档案；三层展示的是土司的卧室、餐厅、吸烟室、会客室等；四层是宗教文化展示厅，内有佛龛佛像、经书和佛教壁画。

链接："古有郿坞，今有官寨"

1935年红一方面军长征途中翻过夹金山、梦笔山两座大雪山后，经过此官寨。毛泽东、朱德、周恩来等曾在官寨居住一周。在官寨居住的7天里，毛泽东等人谈古论今，指点江山，并对官寨进行详细的考察研究。看到索观瀛桌上的《三国演义》对郿坞的描述时，毛泽东曾感叹："古有郿坞，今有官寨。土司的这个城堡应该是我们在长征途中见到的最有特色的建筑了。"

阿坝

6 种极致体验

枕黄河涛声，观日落牧归／徒步骑马，发现不一样的户外胜地／秋日的视觉盛宴／

大美羌寨行／登山攀冰，魅力无限／赏千树万树梨花开

1 枕黄河涛声，观日落牧归

在若尔盖花湖漫步、观黑颈鹤，在红原大草原看日落牧归，在九曲黄河第一湾赏苍茫落日、枕着涛声入睡……心动的话，就去阿坝吧！

若尔盖花湖

地址：阿坝藏族羌族自治州若尔盖县 213 国道旁
交通：先乘车抵达若尔盖，然后包车前往景区
门票：门票 75 元，观光车 30 元
开放时间：全天开放
电话：0837-2291558

若尔盖花湖地处中国第二大湿地——若尔盖湿地核心区，是一处高原海子，湖边芦苇茂盛，具有草原湿地风光。因湖中盛开的一种白色小花而得名花湖。

在阳光的照耀下，湖面反射出不同的光彩，摄人心魄。湖边建有木质栈桥，一直延伸到水中，沿着栈道走到湿地深处，沿途都是拍照的好场所。此外，这里还是观看国家一级保护动物黑颈鹤的最佳去处，坐在湖边或者栈道上的亭子里，常有黑颈鹤从湖面上掠过。

1 若尔盖花湖栈道
2 红原大草原花开朵朵

前往花湖的最佳时间是每年的七八月份，此时花湖阳光充足，水色纯美，湖畔开满了鲜花，如入仙境。最好的游玩方式是带上帐篷去湖边露营，看草原日出日落。

红原大草原

地址：阿坝藏族羌族自治州红原县境内
交通：成都茶店子车站有发往红原的班车，然后从县城步行或包车前往
门票：免费
开放时间：全天开放

红原大草原地域辽阔，自然景观独特，素有高原"金银滩"之称。当年红军长征时曾经过这片草原，并在此休息、驻扎。为了纪念当年红军长征经过这里以及对这片草原的开垦和建设，国务院把它命名为红原。

"天苍苍，野茫茫，风吹草低见牛羊"是红原大草原的真实写照。大片大片的野花肆意怒放，雪白的蒙古包仿佛散落在草原的白云，点缀着辽阔的草原，一群一群的马儿、牦牛、羊群尽情享受着大自然的赐予。牛羊的背后，还有游牧的人，带着牧羊

1 月亮湾牛羊点点
2 九曲黄河第一湾

犬，飞驰在草原上。

夏秋季都是来红原大草原的好时候，用一天时间便可以游览完附近所有景点，因为大多数值得一看的地方都靠近路边。因此自驾会是很好的选择，还可以一路欣赏辽阔的草原美景。麦洼寺、德尔塘海子、日干乔湿地保护区等都是不错的选择，不过将红原大草原的美发挥得淋漓尽致的还是月亮湾。

在广阔的红原大草原上，一条"S"形的白河蜿蜒流过大地，由于该河形状酷似新月，人们称这块地方为"月亮湾"。这里属于红原大草原的核心景区，其自然风光优美独特。白河是这里最精致的点缀。它如一条白色的蚕丝带温柔镶嵌于草原深处，清澈的河水倒映着蓝天白云和自由飞翔的鸟群，像柔美的旋律一般，缓缓延向远方。

景区有一个木质结构的观景台，能将整个月亮湾尽收眼底。旁边有一个索道，可以体验草原快速刺激的滑索。这里还可以坐皮艇漂流，全程一个小时左右。但要注意烈日，没防护措施的话可能会被晒伤。

九曲黄河第一湾

地址：阿坝藏族羌族自治州北部若尔盖县唐克乡境内
交通：一般与花湖一起包车游览，价格 500 元左右
门票：65 元；观景台电梯 30 元
开放时间：8:30~18:00

黄河发源于青海的巴颜喀拉山，一路斗折蛇行，缓缓向东流到四川，在索克藏寺前与白河相汇合，突然又折回向西北而去，如"S"形，从而形成了荡气回肠的九曲黄河第一湾。

气势磅礴的黄河，在这里因地势原因，水流平缓，水质清纯洁净，优雅别致，静静地徜徉于茫茫原野。落日时分，这里又有"落霞与孤鹜齐飞，秋水共长天一色"之神韵。成林的红柳与成片的水鸟，相伴着一望无际的大草原，以苍茫的黄河落日为背景，美得无法言语。

来九曲黄河第一湾的游人多数是奔着这里日出与日落的景致。傍晚，黄河在夕阳下泛着红色的波光，自由舒展地蜿蜒而行，那种雄浑苍茫的气魄也只有九曲黄河第一湾才能拥有。想要更好地观看和拍摄角度，可以沿着曲折的木栈道走到索克藏寺后面的小山上，路程一个多小时左右，现在也可以选择乘坐电梯上去。

② 徒步骑马，
发现不一样的户外胜地

想让你的阿坝之行更具亮点，可以选择徒步骑马穿越那些未被开发的美景，感受户外徒步、露营的生活，最重要的是避开游客如织的场面，完全享受大自然的原始状态。牟尼沟和七藏沟都是不错的选择。

牟尼沟

地址：阿坝藏族羌族自治州松潘县西南牟尼乡
交通：游客可先中转到松潘、九寨沟县或是川主寺，然后包车前往牟尼沟景区
门票：扎嘎瀑布 70 元；二道海 70 元
开放时间：7:00~17:30

牟尼沟虽不及九寨沟和黄龙那样出名，但牟尼沟兼具了黄龙的钙华彩池和九寨沟的原始森林、高山湖泊等特征，特别是拥有巨型钙华瀑布

1 如梦如幻的牟尼沟
2 牟尼沟骑马

链接：松潘马队

若是想要骑马领略牟尼沟或七藏沟的原始风光，联系一家正规马队是非常有必要的。松潘县有几家老牌马队会是你不错的选择，他们常常是住宿、车、马、向导一条龙服务，很是方便。

宏途马队：是由大学生创办的，他们的马队有正规工商注册，有合法手续，他家的客栈也不错，能提供包车、订票等。需要注意的是，这家马帮的马匹需要提前预订。电话：15108178391。

顺江马队：松潘老字号的马队，也曾经是唯一的马队，经营将近20年，经验丰富，提供保险登记。这里不容易得到详细的介绍，令不了解骑马线路的人一头雾水，价格基本没得商量。电话：13509043516。

骑马乐马队：2007年成立，正在发展期。热情的主人会很耐心地为游客介绍线路、风景，并帮忙买车票，提供各种信息。电话：13909043667。

和温泉，自有其独特的魅力。

牟尼沟是一条长几十千米的主沟，有很多分支，景区主要由扎嘎瀑布和二道海两部分组成。扎嘎瀑布为中国最高、最大的钙化瀑布。瀑水从巨大的钙华梯坎上飞速跌落，气势磅礴，声震十里。二道海在牟尼沟的末端，和扎嘎瀑布仅一山之隔，尤以高山湖泊著称，从沟口沿栈道进入，在茂密林木之间，散落着大大小小上千个湖泊，穿行其间，"三步一湖，五步一水，湖在林中藏，花在湖中开"，景观神奇，如梦如幻。

游览牟尼沟有两种方式，一种是徒步游览已经开发的景点——二道海和扎嘎瀑布，另一种是骑马穿越未开发地区。想让你的阿坝之行更具亮点，可以选择骑马穿越牟尼沟。晚上扎营在林中，山谷静谧而平和，月亮挂在树梢，那么明亮，仿佛伸出手便能够到。

骑马穿越牟尼沟线路一般为两天，从松潘穿越到未开发的矿泉水厂，也有将二道海、扎嘎瀑布和矿泉水厂结合起来的穿越线路，需要3~4天的时间。若果对此感兴趣，可咨询松潘马队，你只需要负责骑马观赏风景，扎营、做饭、喂马等工作都可以由向导完成。

七藏沟

地址：阿坝藏族羌族自治州松潘县川主寺镇北部
交通：在茶店子车站乘坐大巴车到川主寺，然后包车前往卡卡沟
门票：免费
开放时间：全天开放

众人皆识九寨美，鲜有人知七藏沟。在松潘到九寨沟景区的路上，有一个传说中的仙境。当年，只有为数不多的几个采药藏族老人知道它的存在。近年来，随着驴友的涉入和一系列美图的曝光而揭开了神秘的面纱，并逐渐成为徒步和骑马的旅游胜地。

在著名的黄龙景区和九寨沟景区的后山部分，方圆约五十平方千米，其间草深木繁，高峰林立，溪水潺潺却渺无人烟。由于这里尚未被开发，既无步行栈道也无公路，因此想要进入七藏沟，只能徒步或是骑马。

七藏沟由卡卡沟、阿翁沟、红星沟等组成。其最大的魅力在于它的原始和安详，沿途的风景，没

1 七藏沟徒步
2 七藏沟原始风光

1

有一丝一毫人为开发的痕迹，行走在海拔近 4000 米的山沟里，呼吸着最原始的空气，走到豁然开朗的长海子，碧光荡漾的湖面在湛蓝如洗的天空下尤为壮观。翻越垭口的成就感伴随着远近的雪山迎面而来，感觉是前所未有的震撼！草海是典型的高原湿地，尽管它的面积不如附近的若尔盖草海，但它的纯净和原始会让你不由自主地怦然心动，红星海子更是魅力难挡，仰面可见的雪山、寂静的山林、绿色的海子伴随着干净如洗的空气真的令人陶醉其间。七藏沟最美的时间在每年 6 月至 10 月。6 月份高山杜鹃盛开，灿若云霞。10 月满山金黄，璀璨夺目。

❸ 秋日的视觉盛宴

秋季，红叶彩林是阿坝普遍的美景，再映衬着碧绿蔚蓝的海子，美到无法用言语来形容。而九寨沟、黄龙、毕棚沟、米亚罗、黑水县等是阿坝秋色中最浓重的几笔。

九寨沟

地址：阿坝藏族羌族自治州九寨沟县漳扎镇
交通：成都新南门车站每天有几趟班车发往九寨沟景区
门票：旺季 220 元，淡季 80 元；旺季观光车票 90 元，淡季观光车票 80 元
开放时间：旺季 7:00~19:00；淡季 8:30~19:00
电话：0837-7739753
官网：www.jiuzhai.com

对于九寨沟其实无需多言，大名鼎鼎的她早已

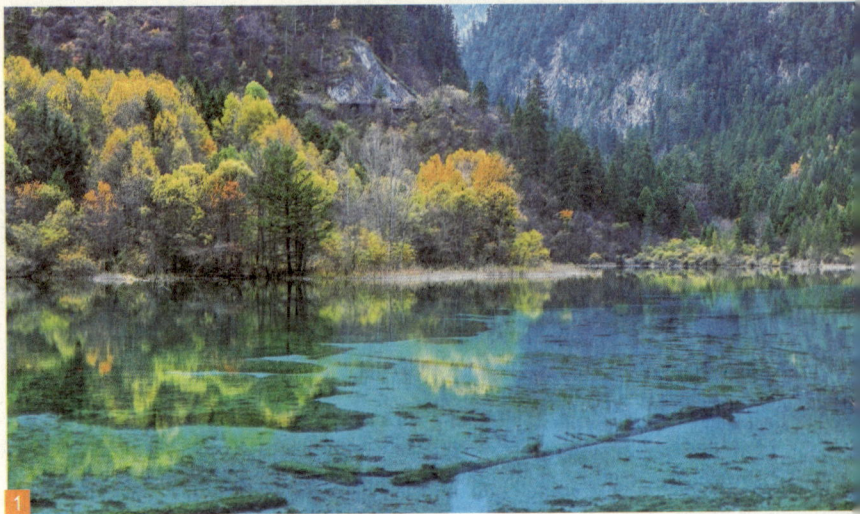

被太多人所熟识。因沟内有九个藏族村寨而得名，目前仅开放三条沟，即日则沟、则查洼沟和树正沟，成"Y"字形。

九寨沟的美毋庸置疑，沟内108个梦幻般不可思议的海子历来为游人所津津乐道，因此有"九寨归来不看水"之说。其实，除了颜色各异的海子，沟内还有叠溪、彩林和雪山风光，然后你会明白为什么称九寨沟为"童话世界"。九寨沟的美写不尽、道不出，只能亲自去感受。

每年的10月中旬至11月初九寨沟迎来最美的秋色，在中国十大秋色中排名第二，以颜色奇幻的海子和色彩斑斓的彩林组合为特点，堪称顶级秋色盛宴。日则沟风景线贯穿整个九寨沟主景区，是九寨沟秋色精华所在，也是追逐秋色的最佳线路。而其中五花海是该风景线上秋色最浓重的一笔。不过需要注意的是，此时也是九寨沟游客最多的时候，你需要忍受人声鼎沸的观光团和无时无刻不在镜头里涌动的人头。最好的方法是沿着景区内的步行栈道往景区深处走一段，游人就能明显减少。

黄龙

地址：阿坝藏族羌族自治州松潘县境内黄龙乡
交通：先乘车到九寨沟、松潘或川主寺，再从这三地的客运站坐客车或包车到达黄龙景区
门票：旺季 200 元；淡季 60 元
开放时间：8:00~17:00
电话：0837-7249166
官网：www.huanglong.com

黄龙以彩池、雪山、峡谷、森林、滩流、古寺、民俗"七绝"著称于世。地表钙华是黄龙景观的最大特色，黄龙沟几乎全被乳黄色的钙华沉积覆盖，从高处俯瞰，仿佛一条飞腾而下的黄龙，蜿蜒于寂静的山谷之中。

高山雪水和涌出地表的岩溶水交融流淌，形成了 3400 多个大小不一的池沼。池沼里的水清澈洁

1 九寨沟秋色正浓
2 黄龙钙华彩池

净。水色因为池沼的深浅、大小、矿物质含量不同，而呈现出黄、绿、浅蓝、蔚蓝等颜色，流光溢彩。

与九寨沟一样，金秋十月是黄龙最美的时候，湛蓝的天、洁白的雪山、艳丽的彩池、浓郁的彩林，一切都分外妖娆。

你可以沿着景区修建的栈道游览，一路游览到沟底再从步道返回到沟口约需 4 小时。如果体力不足也可以乘坐索道进沟，推荐索道上到沟底再一路步行游览下到沟口。需要注意的是这里比九寨沟海拔高，意味着更稀薄的空气和更寒冷的气温，冬季景区停止开放。

毕棚沟

地址：阿坝藏族羌族自治州理县朴头乡
交通：成都茶店子车站每天有发往理县的班车，然后从理县包车前往毕棚沟
门票：100 元
开放时间：7:00~17:00
电话：0837-6824845
官网：www.bipenggou.net

毕棚沟位于大名鼎鼎的四姑娘山背后，以其优美的自然风光被比作四姑娘山的美丽背影。沟内以森林、冰川、雪山、草甸为主，更是国内

知名的红叶观赏胜地。景区拥有 3000 平方千米的红叶，每年 9 月底至 10 月底，落叶松的金黄与秋叶的火红，映衬着雪山海子，秋景堪称美艳。

如果不是徒步穿越的户外玩家，游览毕棚沟相对简单。从景区大门购票进入后，乘坐景区观光车经龙王海、娜姆湖后，可直达上海子接待中心，全程约 26 千米。沿途一路有雪山伴随，且有多处红叶观赏点。到达上海子后稍事休息，之后可乘坐景区电瓶车继续向上抵达磐羊湖，游玩后原路返回。在上海子还可以选择徒步或者骑马，到磐羊湖全程约 9 千米，路况良好。

米亚罗

地址： 阿坝藏族羌族自治州理县米亚罗镇
交通： 成都市茶店子车站和理县都有直达米亚罗的长途班车
门票： 免费
开放时间： 全天开放

米亚罗为藏语，意为"好玩的坝子"，为典型的季节性景区，是目前中国最大的红叶观赏区。

米亚罗景区位于国道 317 两侧，东西长 127 千米，南北宽 29 千米，幅员辽阔，比北京香山红叶区大 180 倍，景区最漂亮的时候是在秋季，每年 9 月底 10 月初开始，杂谷脑河谷两岸密林中的枫树、槭树、桦树、鹅掌松、落叶松等渐次经霜，树叶被染成绮丽的鲜红色和金黄色，与蓝天、白云、山川、河流构成一幅醉人的金秋画卷。建议包车游览，这样可以随时停车，毕竟，风光都在路边。

1 十里红叶观赏区
2 五彩缤纷的奶子沟

除了漫山遍野的红叶，掩藏在密林深处的藏羌民族村寨是米亚罗风景区的另一大看点。石寨、古堡、碉楼等各具特色的建筑掩映在密林之间，错落有致，屋顶上悬挂着飘扬的经幡。寨子里居住着藏族和羌族民众，至今还保留着许多古老的民俗。

黑水奶子沟

地址：阿坝藏族羌族自治州黑水县奶子沟村
交通：先乘车前往黑水县，然后租车或步行前往
门票：免费
开放时间：全天开放

黑水是彩林的世界，在雄奇的冰川下、美丽的雪山上、独特的藏寨边、婉蜒河流旁均有成片的彩林分布，其中最为壮观的要数奶子沟彩林区了。

奶子沟以美甲天下的彩林世界而闻名，从距县城 5 千米处开始一直到垭口雪山，长达八十里的峡

谷中长满了阔叶林、次生林和灌木丛，每当金秋季节，漫山遍野，层林尽染，享有八十里画廊的美誉。

彩林中若隐若现的古老藏寨、信步的牛羊、藏家人友好淳朴的笑脸、藏家女孩百灵鸟般的歌声，同远处座座洁白晶莹的雪山交融在一起，构成一幅幅万紫千红、五彩缤纷的彩色画卷。

观赏彩林的最佳方式是自驾车，边开车边赏，遇到令人心醉的美景还可以停车拍摄。或者干脆步行一段路，去感受无边的秋色。

黑水住宿条件和房间有限，当游客蜂拥而至的时候，这里的接待能力稍微差了点，导致好多没有提前订房的游客天黑以后开着车满城地找住宿，所以到这里看彩林一定要提前预定。奶子沟也属于高海拔地区，早晚气温非常低，需要很厚的御寒衣物。

4 大美羌寨行

阿坝藏族羌族自治州是羌族聚居区，汶川到茂县一带有不少独具特色的羌族村寨，是不能错过的人文景观。桃坪羌寨、黑虎羌寨、龙溪羌人谷等是较有特色的羌寨，可选择一到两个进行游览。

桃坪羌寨

地址：阿坝藏族羌族自治州理县桃坪乡
交通：成都茶店子车站每天有班车发往汶川县城，从汶川县城至桃坪有面包车或巴士
门票：60元
开放时间：7:30~18:30

桃坪羌寨因其典型的羌族建筑和交错复杂的通道结构而被称为神秘的"东方古堡"，是世界上保存最为完整的羌族建筑文化艺术活化石。

走进桃坪羌寨，映入眼帘的便是那些有着上千年历史、古朴神秘的羌族古民居。建筑全部由石头垒成，依山势而建，高低起伏，错落有致。民居多为两至三层，一般楼上住人，楼下存放农具或圈养牛羊。羌寨内部建有地道，彼此相连将整个寨子连为一体，具有良好的防御功能。

碉楼是整个寨子的标志性建筑，目前仅存2座。碉楼分为9层，高30米左右，各层四方开有射击窗口，顶楼的孔是作为传递消息用的。整个寨子以碉楼为中心，放射出8个出入口，8个出入口又以13条甬道织成四通八达的路网，村民可以进出自如，而外来人却如入八阵迷宫。2座碉楼因目前还有人居住，上楼参观需额外支付费用。

黑虎羌寨

地址：阿坝藏族羌族自治州茂县黑虎乡
交通：可从茂县乘班车前往
门票：免费
开放时间：全天开放

依山而居、累石为室的黑虎羌寨以古老而众多的碉楼而闻名。黑虎羌寨鹰嘴河现有羌碉11座，保存完整的有8座。羌碉造型多样：有5层、6层、8层、12层的，每层高3米，最高者达36米，最低的也有15米，有四棱角、六棱角、八棱角、十二棱角的。羌碉各层都有窗口，窗口外小里大，是观察和

链接：为谁戴孝一万年

到黑虎羌寨参观，你会发现那里的妇女头上都戴着一块白色的头巾，称之为"万年孝"，相传她们世世代代都是这样的装束，至今已经戴了几百年，是为了纪念"黑虎将军"。

黑虎寨原名黑猫寨。明末清初时，清兵袭扰黑虎寨，羌民在英雄杨文武的带领下奋起反抗。杨文武就是黑虎将军，他组织羌民制作了滚木、礌石、弩刀、毒箭及杀伤力极强的火器，并在黑虎鹰嘴河台地建造了异形多角群碉，共计88座，连点成线，易守难攻，一时间清军竟然奈何不得。后清军重金收买了奸细，趁黑虎将军在地里劳作时，从背后放毒箭将其射杀，死时年仅22岁。

为了纪念黑虎将军的功德，全山寨的羌民为他送葬，成年妇女们个个头顶白布帕为将军行孝。也就是从那时起，黑虎寨的羌族妇女人人戴起了白布帕，成年男子则头裹青纱，誓为黑虎将军行"万年孝"。祖先许下的这个悲壮的诺言，黑虎人恪守至今。

射击孔，每层用方木向四周交错辐射支撑，每层之间用独木梯连接，直通楼顶。羌碉坐南向北，与对面二庚米碉楼遥遥相对，烟火可见，声音可闻。群碉背靠青山，左盥万丈悬崖，右依田园，前迎河脚；8座羌碉顺着鹰嘴河山冈一字阵列，十分雄伟壮观。

龙溪羌人谷

地址： 阿坝藏族羌族自治州汶川龙溪羌乡
交通： 由汶川去理县的班车会经过龙溪羌人谷
门票： 免费
开放时间： 全天开放

龙溪羌人谷，历史文化底蕴深厚，是古羌人的繁衍生息地。沿杂谷脑河逆流而上汶川县城仅10余千米的公路右边，能看到"龙溪羌人谷"崭新的旅游招牌。入口处新建的房屋让人爱不起来。其实深入羌人谷才知道这里有最古老的羌民居、碉楼，可以感受淳朴的民风民俗和羌族的传统文化。

羌人谷内的阿尔羌寨是一座具有两千多年历史、民风民俗至今保存完好的古老羌寨。这里释比人数众多，居所有羌族聚居地之首，是我国唯一的羌族释比文化发祥地。由于长期交通闭塞，羌人谷平时几乎没有外人进入，因此保存了较为完整的羌族习俗和自然风景。这里有一片两千余公顷的原始森林，山高谷深，云雾缭绕，高山湖泊遍布，有"隐藏的小九寨"之盛誉。沿沟内山道徒步可到村子，来回需1天时间。

龙溪羌人谷风光

链接：释比

释比，是羌族中最权威的文化人和知识集成者，在古老的羌民族遗留至今的奇特原始的宗教文化里，人们相信万物有灵，信仰多神教，而释比被尊奉为是可以连接生死界，直通神灵的人。羌族因为没有文字，释比经典、技艺等都是由老释比口传心授、弟子博闻强记，代代相传。

释比有妻室儿女，既从事宗教活动，又从事农业生产，在羌族社会中占有崇高的地位。在羌人眼中，释比与羌人祖先在一起，是从天上下凡的，地位很高，与各种神灵地位相等，甚至可以对天神以外的各种神灵发号施令。在各类宗教崇拜活动和仪式中，通过唱经的方式与各种神灵沟通。释比在主持祭祀活动、生活礼仪时，打扮奇特，身着豹皮或羊皮褂，头戴金丝猴皮缝制的三叉帽。作法前，释比要净身洗手，用香柏熏身或杀白鸡祭祖来表达对神的虔诚和敬意。

1

⑤ 登山攀冰，魅力无限

登山攀冰，堪称冬天最酷的时尚运动。在阿坝，四姑娘山和达古冰山是冬天体验这两种运动魅力的好去处。

四姑娘山

地址：阿坝藏族羌族自治州小金县日隆乡

交通：成都茶店子车站每天有发往小金的班车，然后乘坐当地小面包前往景区。也可在成都茶店子车站拼车前往景区

门票：双桥沟旺季 80 元，淡季 50 元；长坪沟旺季 70 元，淡季 50 元；海子沟旺季 60 元，淡季 40 元

开放时间：8:30~17:30

电话：0837-2791063

官网：www.sgns.gov.cn

四姑娘山由四座毗邻的雪峰组成。这四座山峰终年银装素裹，其中最高最美的雪峰就是幺妹峰，也就是现在人们常说的"四姑娘"。

四姑娘山是我国十座对外开放的名山之一，是著名的登山基地。可登之峰有大峰、二峰、三峰和四峰，其中大峰、二峰适合初次登山者，而三峰、四峰适合更加专业的登山者。严格来说大峰算不上登山，一般

旅行者只要有勇气都可登上大峰，若是感兴趣不妨挑战一下。四姑娘山的冬季并不是淡季，这时候的四姑娘山是户外运动者的天堂，世界各地的登山攀冰爱好者都会聚集于此，挑战各自喜欢的雪山。

除了登山，许多户外运动爱好者还喜欢从四姑娘山的长坪沟穿越至理县的毕棚沟，此条线路也被称为中国十大徒步线路之一。当然，如果你只是一般的游客，可以选择乘观光车或骑马游览双桥沟、长坪沟或是海子沟，每沟单独售票。如果想全盘体验，至少需要 3 天时间。如果时间有限，建议选择长坪沟或海子沟。

达古冰山

地址：阿坝藏族羌族自治州黑水县芦花镇
交通：先乘车前往黑水县，然后在黑水县包车到达景区
门票：120 元；观光车 70 元；索道 180 元
开放时间：8:30~15:30
官网：www.dgbc.cn
电话：0837-6729999

达古冰山是我国距离中心城市最近、面积最大、

全球同纬度海拔最低的现代山地冰川景区。景区内15条现代冰川收尾相接，造型各异，非常神奇壮观。同时，周边还有雪山、彩林、高山湖泊、瀑布、森林、高山草甸、杜鹃林等，景色美丽多姿。

来景区不能错过最大最漂亮的冰川湖——东措日月海，还有当地人朝拜的神山——得洛格斯雪山，山脚下还安静地躺着美丽的仙女湖。

每年7~9月间，四川省登协都会在这里举办大型登山大会，各路登山爱好者纷纷集中于此，非常热闹。到了10月秋色最浓时，达古冰山还会举办冰川彩林节。达古冰川的冬天，白雪皑皑，银装素裹，攀冰是十分受欢迎的旅游项目。

⑥ 赏千树万树梨花开

从三月底就开始绽放的金川梨花是春季阿坝绝对不能错过的美景，绵延百余千米的大金川河谷两岸粉装玉砌，展现出大气壮阔的田园风光。

金川梨花

地址：阿坝藏族羌族自治州金川县
交通：成都茶店子车站有直达金川的班车
门票：免费
开放时间：全天开放

金川位于四川省大雪山支脉和邛崃山支脉之间，

这里有雪域高原规模最大的梨花奇景，是全国闻名雪梨产区。三月梨乡，草长鹰飞，沐浴着春日的金辉，梨乡大地万亩梨花绽放，绵延百余千米的大金川两岸粉装玉砌，展现出大金川这雪域江南的壮阔与秀美。堪称"摄影家的天堂"。

金川梨花是一个地域性的概念，沿着大渡河河谷从金川一直到丹巴一路上都有大大小小的梨花海可供欣赏游览，主要欣赏点在县城以北的一条梨花大道和大金川河谷的沙耳乡一带。

到了金秋时节，白色的梨花海洋又蜕变成了绚丽的红色，百里红叶娇艳似火，恍若隔世。金川秋季最佳的观赏期从 10 月一直延续到 11 月中下旬，从最开始的色彩缤纷的彩林，到最后红彤彤的红叶，每一次到访都有不一样的景致。

阿坝
旅游攻略

阿坝旅游交通示意图

优美的自然风光与极具特色的民族文化的有机结合，形成了阿坝州独特而丰富的旅游资源。北部是游客必到之地，九寨沟、黄龙、若尔盖花湖等都位于此；中南部主要看点是独特的民族文化。此外，理县和黑水秋季堪称彩林的天堂。大名鼎鼎的四姑娘山也位于此处。

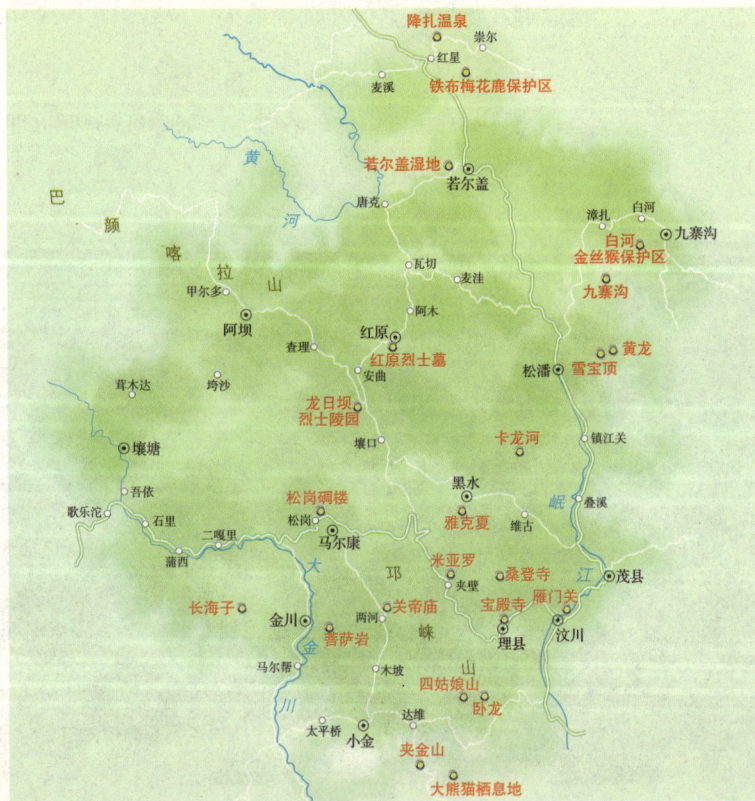

🚌 交通

飞机

阿坝目前有两个机场，分别是九黄机场和红原机场。

九黄机场位于阿坝藏族羌族自治州松潘县境内的川主寺镇北约 12 千米处，距九寨沟景区沟口 88 千米，距黄龙 43 千米。北京、成都、杭州、广州、南京等地都有直飞航班抵达九黄机场。值得注意的是冬季的九寨沟也别有一番风味，此时前来，打折的机票很是划算。

机场交通：从九黄机场到黄龙、九寨沟都有机场巴士。至九寨沟约 1.5 小时，至黄龙约 1 小时。不过发车时间不固定，一般是人满就发车，淡季往往还会停开。所以人数三人以上建议包车，沿途可以下车拍照，时间自由也更舒适。

小贴士 》

机场还有一班到黄龙和九寨沟的联程游览班车，票价每人为100元，巴士在黄龙景区会等待4~4.5小时。如果航班抵达九黄机场的时间恰好是在中午，可以选择此班车，先到黄龙游览，再由巴士接送去九寨沟。不过，班车只有旺季才有。

红原机场位于阿坝藏族羌族自治州红原县境内，距离阿坝藏族羌族自治州首府马尔康约128千米，距离红原县城约48千米。红原机场于2014年通航，航线以国内旅游支线为主，属小型机场，从成都和重庆可直飞红原机场。

机场交通：目前，红原机场已开通机场大巴服务，游客可乘机场大巴往返于红原县城与机场之间。也可乘坐出租车或旅游包车到达红原城区和各景点。

汽车

汽车算得上是阿坝藏族羌族自治州旅游的主要交通工具了。州内有多个汽车中转站，去往周边各个地方都十分方便。比较重要的有九寨沟客运中心、汶川县客运中心、松州客运站、川主寺旅游客运中心、马尔康客运中心、若尔盖客运中心等。

其中九寨沟客运中心距九寨沟沟口800米，乘汽车到达此站游览九寨沟很是方便。松潘县内的松州客运站每天都有发往成都、九寨沟或黄龙的班车。川主寺旅游客运中心位于松潘、红原、九寨、黄龙四条公路的十字路口，在这里转车较方便。

出租车

阿坝藏族羌族自治州的出租车一般不会打表收费，通常是在告知司机目的地后，双方谈妥价格就走。

🏛 住宿

　　游阿坝，包车或是自驾是高效且便捷的方式，如果是这两种方式的话建议住在景区附近，游览后可拼车赶往下一个目的地。当然，有些县城旅游资源丰富或是属于交通枢纽，也可作为住宿点。

　　前往大名鼎鼎的九寨沟，在景区附近住一晚是必要的，九寨沟沟口附近有很多大大小小的宾馆酒店，黄金周需提前预定，平时完全不用担心住宿的问题。

　　松潘县景点众多，你或许需要在县城住上一夜。松潘北门到客运中心一带宾馆林立，住在这里方便前往周边景点，并且即使赶早班车也不需要早起。松潘县的川主寺也是不错的选择，它是通往九寨沟、黄龙风景区和川西北大草原的必经之地和交通中转站，镇上有许多宾馆。住在松潘古城内也可以更好感受古城韵味。此外，若尔盖、理县、汶川、黑水县城等都可以作为住宿点。

九寨沟窝藏式精品客栈

　　从客栈到九寨沟景区步行10分钟可达，店家人很好，会开车来接你，价格在九寨沟附近算是便宜的，适合背包一族或是学生族。房间卫生干净，洗漱用品一应俱全，重要的是隔音效果不错。

位置：阿坝藏族羌族自治州九寨沟漳扎镇彭丰村天堂口
电话：0837-7735123

川主寺醉高原驿站

　　驿站位于通往机场的路边，周边并不繁华，仅有一个服务站和几家小店铺，但旁边有一家经营家常小菜的饭馆，可以解决餐饮问题。驿站整体比较新，房间整洁而干净，装修风格有典型的藏族特色，颜色鲜明。房间冷热水 24 小时供应，没有空调，每张床上都有电热毯，不用担心睡觉会冷。

位置：阿坝藏族羌族自治州松潘县川主寺镇传子沟 2 号
电话：13551774566

毕棚沟娜姆湖酒店

　　酒店位于毕棚沟景区群山环抱的娜姆湖旁，由 10 幢造型别致、颇具民族风格的羌族雕楼建筑的别墅群组成。房间设施齐全，窗外是无敌美景。酒店还提供免费早餐，以稀饭、馒头、鸡蛋为主，还有几种小菜。

位置：阿坝藏族羌族自治州理县毕棚沟景区内
电话：0837-6828885

◉ 美食

　　阿坝是藏族、羌族自治州，所以特色美食中多有浓浓的藏族和羌族风情，比较有特色的美食有牦牛肉、血肠等。如果吃不惯藏餐的话，很多当地的川菜馆也是很不错的选择。

丽莎咖啡屋

　　这家咖啡屋在郎木寺真可谓是大名鼎鼎，俨然成为了郎木寺的一个景点，在国外全英文编写的很多旅游大词典中，可以轻松找到它的名字。这个其貌不扬的咖啡屋里汇集了世界90多种纸币、成千上万名外国游客的留言。下午有苹果派和巧克力蛋糕等供应，旺季期间游客会比较多。

位置：郎木寺主街

小布小吃

　　这是一家正宗的川菜餐馆，即便是淡季也有吃客慕名而去，来九寨沟旅游的朋友值得一去。作为餐厅特色的烤鱼、水煮牦牛肉、清蒸冷水鱼、拌牛肉等都颇受游客欢迎。此外，洋芋糍粑、腊肉、酸奶、酥油茶等风味小吃也都值得尝试。

地址：阿坝藏族羌族自治州九寨沟县边边街一栋 1-5 号
人均：50 元
营业时间：11:00~22:00
电话：13558898582

乳仔牛

乳仔牛在松潘古城主干道旁的一条巷子里，巷子口写着西北美食街的字样，仔细找一下不难找到。服务态度非常好，老板会热情周到地帮你推荐菜品。牛肉的味道非常好，原汁原味，不过可能带有一点高原上新鲜的牛肉膻味，不吃膻的同学请提前跟店主说明，他们还有其他推荐。西红柿搭配牛肉，好吃不上火，强烈推荐。

位置：阿坝藏族羌族自治州松潘县进安镇中江一村步行街
人均：45 元
营业时间：09:00~00:00
电话：0837-7253555

🛒 购物

阿坝的物产极为丰富，除了冬虫夏草、贝母等各种珍贵中药材，还有核桃、汶川樱桃等水果。此外，各种藏羌特色的手工艺品也深受人们的喜爱。九寨沟沟口的边边街、德吉梅朵风情街都是购买阿坝特产的好地方。

边边街

边边街位于九寨沟沟口，距离景区入口仅 1000

米，号称中国旅游第四街。这条街充满浓郁藏族风情，沿白水沟蜿蜒展开。街道两旁餐厅、酒吧、客栈旅舍林立，还有很多个性的旅游商品店，在这里，你可以买到九寨沟油画石、九寨沟唐卡、九寨沟藏式手工编制披肩等特色旅游商品。这里的小店装修精美而有特色，漫步河边，边购物边欣赏风景，别有一番情趣。

位置：阿坝藏族羌族自治州九寨沟景区入口广场附近

德吉梅朵风情街

德吉梅朵风情街是集藏族、羌族文化为一体的民族文化商业风情街。进入德吉梅朵需要交付 100 元，其中包含着一份 68 元的自助餐。在风情街里面会有当地的导游为你介绍，你可以看到鳞次栉比的藏寨屋舍、独具韵味的藏家舞蹈、淳朴乡音的讲解等，还可以免费品尝牦牛肉，味道还不错，没有强迫购物，各种藏药、藏银、手工饰品等看起来都还是十分精细的。不过不建议在风情街购买大件商品，小工艺品、牛肉干等特产可以购买。

位置：阿坝藏族羌族自治州松潘县川主寺镇

GanZi

甘孜

蓝色星球上的最后一片净土

甘孜，四川最大的藏族聚居地。贡嘎神山巍峨壮观、《康定情歌》婉转动听、丹巴藏寨美景如画、佛学院震撼心灵、稻城亚丁原始绝美……甘孜，让去过的人流连忘返，让未曾去的人心向往之，甘孜的美，只能亲自去体会。

读懂
甘孜

A 独特的康巴风情

康巴地区位于横断山区的大山大河夹峙之中，即甘孜藏族自治州和阿坝藏族羌族自治州（部分）、西藏的昌都市、云南的迪庆藏族自治州和青海的玉树藏族自治州等地，其中甘孜藏族自治州是康巴的核心区。

千百年来，生活在这里的先民们创造了灿烂多彩、底蕴深厚的康巴文化。这里人杰地灵，山川秀丽。那嵯峨峭拔的冰山雪岭，奔涌腾跃的急流大川，澄澈湛蓝的高原湖泊，牛羊遍布的绿色草原；那剽悍粗犷的康巴汉子，婀娜多姿的藏族姑娘，以及那绚丽多彩的民族风情，无不令人神往流连。

"跑马溜溜的山上，一朵溜溜的云呦，端端溜溜的照在，康定溜溜的城呦……"说到康定，相信很多人都会不自觉地在心里哼起这首闻名中外的民歌。有人说是康定的文化积淀造就了《康定情歌》，有人说是情歌丰富了康定文化。不管怎样，因了一首歌，让很多第一次到访康定的人都觉得异常亲切，也让康定有了些许鲜活的韵味。

美女多是康巴地区给人的又一个深刻印象。要寻找康巴美女，可以前往丹巴美人谷。除此之外，在康巴地区举办各种各样节日时，康巴姑娘会身着盛装在草原上载歌载舞，形成多道美丽的风景线。具有浓厚地方特色的康巴服饰雍容典雅，注重装饰艺术，由金、银、玛瑙、翡翠、珍珠、宝石等精工细制而成。美丽的康巴姑娘在这种服饰的衬托下更显美丽。

从盛夏到金秋各种各样充满欢乐的节日可以让你真正体验独特的康巴风情。而独具特色的理塘赛马会，则是康巴地区最具代表性的民族节庆活动之一。近几年，理塘赛马会的规模越来越大，吸引了全康乃至西藏人士的参与。上千马手和上万群众在草原扎帐篷、耍坝子，最精美的服饰和最欢快的歌舞都在这几天展现，让人大饱眼福。

1 笑靥如花的丹巴美女
2 激情四射的理塘赛马

链接：康区概念的产生

"康区"是一个包含历史、地理、语言、文化在内的综合性的概念。它在吐蕃统治时期就已形成。

吐蕃在强盛时，除了它的本土卫藏地区外，还控制了阿里和西部游牧走廊的地区，根据地理方位和当时的行政隶属，分为上阿里三围、中卫藏四如和下朵藏六岗。在卫藏地区的人看来，他们居于高原的低处和河流的下部，因此称该地为"康"。最初，在吐蕃征服者看来，游牧走廊的地理特征都是差不多的。但没有想到，在横断山脉之间，还"横"着一座阿尼玛卿山和一条黄河，地理的阻隔和原来部落语言的差异使这一地区将吐蕃统治者带来的藏语变了样——形成了安多腔和康巴腔，加之出产和文化的各有侧重，于是卫藏、安多和康区这三个地理和族群概念产生了。

B 红军在甘孜的足迹

说起甘孜藏族自治州，我们一般会想到独特的藏家风情以及旖旎的自然景观，其实这里还有丰富的红色旅游资源。

中国共产党领导的中国工农红军，从 1934 年 10 月至 1936 年 10 月远征两万五千里，仅在甘孜活动期即长达 15 个月。1935 年，红军一、二、四方面军先后进入甘孜 16 个县停驻，以疲惫之师，入人烟稀少、物产不丰、气候恶劣的甘孜，并在这里休整、补充，做北上准备，此间红军数万人的粮食物质均由甘孜人民供给。1950 年邓小平同志做出了"甘孜藏区人民对保存红军尽了最大的责任"的评价。

红军长征期间在甘孜境内发生了许多可歌可泣的故事，比较耳熟能详的要数飞夺泸定桥了。1935 年 5 月 29 日，红一方面军在泸定飞夺泸定桥，粉碎了蒋介石让朱、毛成为第二个石达开的梦想，打通了红军北上抗日的通道，泸定桥因此成为红军长征史上的一座里程碑，被国际友人赞誉为"十三根铁链劈开了通往共和国之路"，毛泽东同志也为此写下了"大渡桥横铁索寒"的壮美诗篇。红一方面军飞夺泸定桥成功以后，又迅速突破敌飞越岭防线并实

1 卢沟桥
2 德格印经院内景

1

现了一、四方面军会师，彻底宣告蒋介石了"南追北堵"、将红军"截击其为数段"图谋的彻底破产。

在甘孜旅行，有时会和红军遗迹不期而遇：雪山、草地、遗址、纪念馆等，遇到了就去看看吧，今天的幸福生活是太多人的鲜血和生命换来的。

C 德格：藏文化发源地

在甘孜，有一个与康定情歌一样蜚声中外的名字，那就是德格。世代生息繁衍在这片土地上的勤劳勇敢的人民用他们惊人的智慧、超群的创造力以及辛勤的血汗谱写了灿烂辉煌、值得整个藏民族骄傲和自豪的历史。使德格与西藏拉萨、甘肃夏河齐名，跻身于藏区三大古文化中心之列。

1

进入德格县，那猎猎飘舞的经幡，随处可见身着赤褐色服饰的僧侣，已经让人有了种身入佛教圣地的感觉。在这里各种佛教流派和平共处、同驻一地，因此德格是远近闻名的宗教圣地。这里有康巴藏传佛教五大教派的祖寺，还是甘孜众多县中寺庙最多的地方，达到50余座。

更庆寺是四川康区藏传佛教萨迦派主寺，每天都有许多虔诚的信徒来此聆听诵经。位于更庆寺高耸的门墙之外，就已经能听见低沉的诵经声撞击心灵。如果你来时正逢藏历七月初一，还能在这里欣赏一出风格与特色自成一派的传统藏戏——德格藏戏，尽享不一样的藏族风情。

德格印经院的存在是德格作为藏文化发源地的最重要原因之一，德格印经院之于德格就好比孔庙之于曲阜、故宫之于北京。德格印经院由德格第十二世土司兼六世法王却吉·登巴泽仁创建于1729年。德格印经院作为藏区三大印经院之首，藏区文化所有文版典籍的 70% 以上均藏书于该印经院，共有木刻印板近 30 万余块。所藏典籍、刻板涵盖了藏民族历史、政治、经济、宗教、医学、科技、文学、艺术等学科内容，包容了藏传佛教五大教派及整个藏民族文化的所有精髓，创世界之最，具有极高的学术研究价值，素有"世界藏文化大百科全书"之誉。

除了收藏丰厚广博，德格印经院的魅力还在于它一直延续着古老的印刷技术，从造纸到颜料的制作，到印刷到装订，全部遵循几百年来的传统做法，没有机器，没有工业化大生产，只有手工。每一本经书都经工匠们的双手缓慢而虔诚地出品，带着对佛的恭敬，带着美好祝福。在今天这个一切高速发展追求快速反应的社会，这里显得弥足珍贵。

德格还是格萨尔王的故里。阿须草原是格萨尔王诞生、成长和征战一生的主要地区。草原上不仅有各种关于格萨尔的遗迹，当地牧民也几乎都能唱几段《格萨尔王传》。

甘孜
5 种极致体验

感受信仰的力量 / 丹巴美景惹人醉 / 泡温泉，赏贡嘎 / 行走在光与影的世界 / 探秘稻城亚丁

①感受信仰的力量

甘孜藏族自治州有着众多的寺庙、佛学院，无论你信不信佛，如果来甘孜，五明佛学院和亚青寺都是你不该错过的，规模宏大的僧舍奇观会让你目瞪口呆，身旁的修行者会让你明白信仰有着怎样的力量。而甘孜寺则在藏传佛教中有着重要地位，有时间的话，也很值得一去。

色达五明佛学院

地址：甘孜藏族自治州色达县城外 20 千米的喇荣沟
交通：可以从成都坐车去色达县，在佛学院路口下车，再包车进去；或者也可以先到色达县，再从色达县城包面包车前往
门票：免费
开放时间：全天开放

相信多数人初见色达五明佛学院都是源于图片，那数以千计的小木屋密密麻麻如同蚁巢般布满山坡的景象令人震撼，于是在心中许下了一定要接近这片净土的心愿。

色达五明佛学院创建于 1980 年，当时仅有 30 余人，如今它已是世界上最大的藏传佛学地之一，常住的喇嘛和觉姆有两万多人，每遇有佛

事法会，人数还会增加，最多时可达四万余人。

　　这里的僧舍非常壮观，数千间红色的藏式平房连绵几千米，簇拥着几座辉煌的寺庙和佛堂，形成了一座壮观的小山城，庞大的阵势常常会让初次到色达的人目瞪口呆，任何一张照片都很难表达出身临其境的震撼。这是千百年来在此修行的僧众亲手搭建起来的山间奇观，身处其间，满满的都是虔诚与信仰。

　　如果想要拍摄整个佛学院的壮观景象，可以登到转经塔西南方向满是经幡的山坡上，在那里你可以俯视整片佛学院。学院分布着一些餐厅和商店，不用担心购物的问题，这里的商店基本上能够满足大部分购物的要求。学院内有供游客住宿的宾馆，但是若是想更深层次体验喇嘛和觉姆的生活，也可以借宿于他们的房间。建议在色达五明佛学院多待几天，这里甚至让人觉得空气中都透着虔诚与宁静，相信你会有收获，关于信仰，抑或关于生活。

1 五明佛学院僧舍奇观
2 五明佛学院辩经
3 亚青寺莲花生大师像

亚青寺

地址：甘孜藏族自治州白玉县昌台镇
交通：甘孜县有车到亚青寺，从成都出发需经康定至甘孜最后到亚青寺
门票：免费
开放时间：全天开放
官网：www.yqwjcl.com

　　在白玉县有个与色达五明佛学院齐名的寺院，那便是亚青寺。不同于色达五明佛学院的是这里修行者过万，不过是以女性修行者为多，被很多游人

阅读：觉姆

与藏区众多动辄数百年历史的寺院相比，亚青寺本身并无什么"家珍"可数，建寺后的十数年间，并不为世人瞩目。自1997年之后，特别是近几年，因"觉姆集群式闭关修行"这一现象，亚青寺才逐渐声名远播。不但吸引了与日俱增的觉姆修行大军，也吸引了众多的游客纷至沓来。

觉姆在藏语中的意思是指出家的女众。在藏文化中，通常国王的妈妈、姐妹称呼为觉姆，因此，把女性出家人称呼为觉姆是表现尊称。每年入冬后，觉姆们就会进入一个仅容一人的"火柴盒"小屋，进行为期百日的闭关修行，以极其艰苦的生活条件换取日以继夜的修法。黄昏过后，觉姆们才能走出修行屋，结束当日的闭关。百日闭关是觉姆们在亚青一年的修行中最重要的内容，觉姆们把自己关进修行屋是为了让自己更加安静地思考。内心的震撼会随着对亚青寺僧尼的修行方式而逐步达到顶点。

称之为"女儿佛国"。

亚青寺始建于1985年，由大圆满成就者喇嘛阿秋仁波切住持，阿秋活佛于2011年7月23日涅磐，现任住持为阿松活佛。不同于色达的依山而建，亚青寺的大部分修行者的房屋是绕河而建，纵横交错的河流包围了整个寺庙的建筑群，为亚青寺平添了几分灵动。亚青寺建在广袤的草原湿地之上，觉姆岛是这里主要的居住区。在这个0.15平方千米不到的面积上居住的觉姆已经达到了两万人。岛上觉姆们住的房子如同一个个小火柴盒密密麻麻挤在一起，令很多游客叹为观止。莲花生大师的塑像旁可以看到亚青寺觉姆岛全景。

此外，亚青寺的五彩大经幡也倾倒了无数游人，不过只有在每年的金刚舞法会的时候才能看得到。

1 壮观的亚青寺全景
2 甘孜寺远眺风光

甘孜寺

地址：甘孜藏族自治州甘孜县城边的山坡上
交通：成都有班车直达甘孜，晚上需要在康定停留一天，第二天抵达甘孜
门票：免费，进入大经堂需要门票，10元/人
开放时间：8:00~17:00；周五寺庙关闭不对外开放

　　甘孜寺坐落在甘孜县城北部的一座人字形山坡上，它坐北朝南，依山而建，是典型的藏、汉结合的寺庙，也是甘孜藏族自治州最大的藏传佛教格鲁派寺院，拥有近390年历史，全称为"甘孜扎西萝卜楞寺"，藏语意为洁白美丽。

　　甘孜寺庞大密集的建筑群气势宏伟庄严，寺院主要建筑有1个大经堂和10个小经堂、1座弥勒殿，550座僧人"扎仓"（僧人院）围绕各殿均匀分布，机构严谨，错落有致。僧舍下方则是更加密集的民居群，簇拥着寺庙。

　　甘孜寺大殿为土木结构，一底四楼，四角飞檐，层次分明，上覆琉璃瓦、铜宝瓶、铜如意等，独具民族特色。琉璃瓦在阳光下闪烁生辉，气象非凡。傍晚在甘孜寺平台上欣赏甘孜美景也是一件非常美的事情。

② 丹巴美景惹人醉

丹巴是甘孜不能错过的美景汇聚地，众多的碉楼藏寨使得这里成为中国最美的乡村之一，走进丹巴藏寨，就像穿越到了一个久远的古堡世界。此外，这里还有如党岭、莫斯卡等绝美的自然风光，在莫斯卡还可以亲自喂食旱獭。

甲居藏寨

地址：甘孜藏族自治州丹巴县城北 7 千米处
交通：成都茶店子车站每天有班车前往丹巴，到达丹巴县城后可选择包车或乘出租车前往
门票：50 元
开放时间：全天开放

甲居藏寨是丹巴最具代表性的藏寨，这里因交通方便，因而在丹巴的藏寨中名气最大。这里还曾被《中国国家地理》评为中国最美的乡村之一，但更多人相信，这个荣誉是给所有丹巴藏寨的。

从丹巴县城沿大金川向北数里，便能看见白墙红檐的藏式民居星星

点点散落在相对高差近千米的山坡上，掩映在绿树丛中——这里就是甲居藏寨。甲居是最具嘉绒藏族风情的村寨之一，一户一寨，坐北朝南，依山而建，或三五成群，相互偎依；或远离群楼，孑然崖上，从河谷延伸至卡帕玛群峰脚下，随山势起伏逶迤连绵，从整体视角上自然形成了近乎完美的构图。

游玩藏寨，在寨子对面的山坡上看全景是最壮观的。如果想进入当地藏民家中进行"家访"，一般要给房主两元门票，不过不是固定。你可以参观这些美丽小楼的内部装饰及构造，不过不要贸然进入经堂。遇到好客的主人，会请你喝喝酥油茶吃吃糌粑，感受藏家的热情。

中路藏寨

地址：甘孜藏族自治州丹巴县中路乡克格依村
交通：成都茶店子车站每天有班车前往丹巴，到达丹巴县城后包车前往
门票：20 元
开放时间：全天开放

与甲居藏寨相比，很多人更喜欢中路藏寨。中路至今还基本保持着完整的原始状态，这里，没有车辆的上上下下和游客的络绎不绝，有的，只是墨尔多神山脚下的庄严与宁静。

"中路"，藏语中的意思是"人和神向往的地方"。的确，中路藏寨背倚日巴龙山和莫日山，面朝墨尔多神山，宁静的田园风光与美丽的藏寨碉楼交相辉映。春天，粉红的桃花与洁白的梨花掩映其间，被称作"摄影师的天堂"。

想要看到中路藏寨的美景需要你克服道路的艰难,从小金川到中路藏寨的路开车很难行,因此建议步行进入村寨,可以选择在村寨中住一晚,第二天还能早起赏墨尔多神山日出。村子附近的山上还可以拍到俯视中路的美照。

梭坡碉楼

地址:甘孜藏族自治州丹巴县梭坡乡
交通:成都茶店子车站每天有班车前往丹巴,到达丹巴县城后可选择包车或乘出租车前往
门票:20元
开放时间:全天开放

丹巴有着"千碉之国"的美誉,这些始建于一千年前的古碉楼形态各异、高低不同。它们主要集中在大渡河河谷两岸,在碉楼集中的地方,数十座碉楼连绵起伏,形成蔚为壮观的碉楼群。体验碉楼最有名的地方就是梭坡乡。梭坡共有碉楼84座,是整个丹巴乃至全世界范围内古碉最集中的地方,其中包括世界上唯一的五角碉,其价值不言而喻。

想要观赏整个寨子的全貌，在对面的山上最佳。隔岸观碉，对面的碉楼群在蓝天白云的映衬下巍峨壮观，一座座经受了百年乃至千年风雨侵袭、战争洗礼和地震考验的古碉群仍旧傲立在河谷两岸悬崖峭壁之间，感觉非常震撼。若想要进入碉楼，必须征得主人同意，并支付一定的参观费。登碉楼参观时，需使用独脚梯，一定要注意安全。

党岭

地址：甘孜藏族自治州丹巴县边耳乡
交通：成都茶店子车站每天有班车前往丹巴，到达丹巴县城后包车前往
门票：免费
开放时间：全天开放

党岭是丹巴最吸引人的徒步胜地之一，这里有雄奇壮美的雪峰、星罗棋布的高山湖泊、温暖秀丽的露天温泉、苍翠茂密的原始森林、缓缓流淌的清溪、绿茵似毯的草甸、珍奇稀有的动植物以及淳朴的嘉绒藏族风情。

或许是因为这里海拔较高的原因，每年10月上旬，党岭景区便笼罩在迷人的秋色之中，各种变叶植物也在秋风的吹拂下将翠绿换成金黄、艳红，陈铺于秋高气爽的骄阳中，呈现出五彩缤纷的璀璨，将党岭景区装点得分外娇娆和美丽。满山遍野的彩林，行走其间呼吸的皆是秋的气息。

进入党岭必须徒步或是骑马，葫芦海是党岭徒步最易进入且最具观赏价值的一个湖泊，从党岭村至葫芦海，徒步约需4小时。每年6月，漫山的各色杜鹃携同岸边的青松翠柏，将整个葫芦海点缀得五彩斑斓。如果体力足够，也可以到达更高处的大海子——卓雍错。

莫斯卡保护区

地址：甘孜藏族自治州丹巴县
交通：从成都乘班车至丹巴县，然后包车到丹东乡，到丹东乡后乘拖拉机进入莫斯卡
门票：免费
开放时间：全天开放

莫斯卡是丹巴最边远、占地面积最大的自然村落，从丹东乡进入莫斯卡，要穿越金龙山的原始森林，然后上到海拔4646米的金龙山垭口，抬头望去，金龙山如金字塔，长年被冰雪云雾笼罩。莫斯卡在几座大雪山的包围之中，如同与世隔绝的孤岛，交通工具为马匹或手扶拖拉机。

莫斯卡沟为一条明显的在冰川谷基础上发育而成的现代沟谷，溪水、海子、瀑布急流、原始森林、草地等动植物景观遍布大小沟谷中。牧民们在精神

领袖金龙寺日穹活佛的主持下，过着与世隔绝、诗意般的生活。

不杀生使莫斯卡成了野生动物的天堂，不论是白发苍苍的老阿妈，或是活泼可爱的小牧童，每天都会定时去喂旱獭。在冬季成群结队的岩羊常常混在牛群之中，所到之处都可见到人与野生动物和谐相处的景致。因此也吸引了众多游客的前来。除了旱獭冬眠的时候（每年 11 月至来年 2 月），天气晴朗的时候，在莫斯卡村外的草地上都能看到旱獭的身影并亲手给它们喂食，这样的体验堪称绝无仅有。

需要注意的是莫斯卡的饮食你可能会吃不惯，因此最好带些食物。住宿的话可以住在居民家中或是在金龙寺水泥院落中搭帐篷。

3 泡温泉，赏贡嘎

有"蜀山之王"之称的贡嘎雪山，虽难以登顶，却从不拒绝朝拜。可以在海螺沟热气腾腾的温泉中遥望贡嘎，可以在贡嘎雪山主峰最近的子梅垭口观赏贡嘎雪山日照金山的壮阔景观，也可以在黑石城拍摄贡嘎雪山的日落。无论哪种方式，都会是你未曾有过的体验。

海螺沟

地址：甘孜藏族自治州泸定县磨西镇
交通：成都新南门汽车站有直达海螺沟的旅游车
门票：92 元，观光车 70 元（往返），索道费 150 元（往返）
开放时间：夏秋季 7:30~12:30；冬春季 8:30~12:30
电话：0836-3268893
官网：www.hailuogou.com

海螺沟背靠 7556 米的"蜀山之王"贡嘎山，以气势磅礴的低海拔现代冰川和翻腾的温泉而著称，更是观赏贡嘎山的理想场所。

景区主要分为一、二、三、四号营地，其中二号营地是温泉的世界，边泡温泉边欣赏美景，惬意之极。如果遇上降雪，还能在雾气腾腾的露天温泉里欣赏雪花漫天飘飞的奇景，是一种难得的体验。真正的冰川景观从三号营地开始，这里也是观赏贡嘎山日照金山景观的好地方，不过能否看到，很大程度上取决于你的运气。不过冬春季节前来会增大看到贡嘎山的概率。想要更近距离感受冰川的壮观，需乘坐缆车到达四号营地。

子梅垭口

地址：甘孜藏族自治州贡嘎乡
交通：建议自驾前往
门票：免费
开放时间：全天开放

大名鼎鼎的子梅垭口是毋庸置疑的户外天堂，到达子梅垭口的是一条自驾、徒步、摄影、探险的绝佳路线，其海拔为 4500 米，美丽得犹如仙境一般，感觉一半在天上、一半在人间。子梅垭口是由西向东观看贡嘎雪山的最佳位置，由于它距贡嘎雪山主峰只有 5 千米，在这么近的距离里欣赏 7600 多米高的贡嘎雪山，震撼程度可想而知。

子梅垭口上面有个很大的观景平台，可以停不少车。在这里，不仅可以观看到贡嘎主峰，更是可以一览整个大雪山脉的全景，运气好还可以遇到壮观的云海。到了下午，会有很多摄友在子梅垭口等夕阳，拍日照金山。

黑石城

地址： 甘孜藏族自治州康定与雅江交界处的高尔寺山上
交通： 建议自驾前往，不过也需要徒步一段
门票： 免费
开放时间： 全天开放

登览高尔寺山，山梁上一座座黑色的石堆冷峻而神秘。据说，这里是一处神秘的宗教圣地，山上遍布的黑色经石是由早年在当地修行的喇嘛背石垒砌而成，也有人说此山是 300 年前部落之间征战的要塞，而今一片荒凉废墟。在如此荒无人烟的山顶出现这样的场景，不由使人感到非常奇怪的神秘。

从黑石城可以远观整个贡嘎山，虽然比雅哈垭口和子梅垭口要远，但视野比这两处皆更开阔，不仅仅能看到贡嘎山群峰，连雅拉雪山、莲花雪山、五色山系都尽收眼底。值得注意的是由于地处贡嘎西坡，傍晚太阳落山的时候正是光线最好最微妙的时刻，也是一天中摄影的最佳时机。

1 黑石城远眺
2 新都桥田园风光

4 行走在光与影的世界

神奇的光线，广阔的草原，弯弯的小溪，金黄的柏杨，山峦连绵起伏，藏寨散落其间，牛羊安详地吃草……行走在新都桥光与影的世界中，川西高原的迷人风光在这里一一绽放。

新都桥

地址：甘孜藏族自治州康定市境西部川藏南北线的分叉路口
交通：自驾最为合适
门票：免费
开放时间：全天开放

新都桥镇只是一个普通的小镇子，却被誉为"摄影家的天堂"。其实它的美丽绝不在于新都桥本身，只要稍微往小镇外走上十几分钟，你就仿佛到了一个宁静的世外桃源，那才是人们口中所说的新都桥。

一个个典型的藏族村落散布在公路两旁，依山傍水。浅浅的小河与公路相偎着蜿蜒流淌。房前路旁矗立着一棵棵挺拔的白杨，在夕阳中炫耀着特有的金黄。一群群的牦牛，点缀在田园牧歌式的图画中，平添出许多生动。远处的山脊，舒缓地在天幕上划出一道道优美的弧线。满眼蓝色、白色、金黄、黑色、绿色的饱和色块，在秋日阳光的描绘中，凸现着流畅的色彩和线条，恍如置身画中。

没有人会把新都桥作为一个行程的终点，这里只是进藏路上的一个驿站。从成都沿318国道一天即可到达，之后从这里向北走317国道或者继续向西走318国道。当然，你也可以沿省道向南前往九龙县方向，一路上田园美景不断。其中甲根坝乡和朋布西乡是这条线路上的精华，莲花湖也是你不该错过的。

⑤ 探秘稻城亚丁

鲜花辉映草场，小溪潺潺流淌，海子古朴幽深，神峰卓然挺立，这就是稻城亚丁，拥有惊世风光的雪域圣地，它的景致保持着地球上几近绝迹的纯粹，吸引着众多游人前来一探"蓝色星球上的最后一片净土"。

亚丁
地址：甘孜藏族自治州稻城县香格里拉镇境内
交通：乘飞机或驱车抵达稻城，然后从稻城包车前往亚丁
门票：150元
开放时间：旺季6:30~17:30，淡季9:00~16:00

1 新都桥晨曦迷人风光
2 稻城亚丁风光

亚丁藏语意为"向阳之地"，景区内不仅有壮丽

神圣的雪山，还有辽阔的草甸、五彩斑斓的森林和碧蓝通透的海子，雪域高原最美的一切几乎都汇聚于此，因而被誉为"最后的香格里拉""蓝色星球上的最后一片净土"。

　　亚丁景区方圆千余平方千米，不可错过冲古寺、洛绒牛场、仙乃日峰、央迈勇峰、夏诺多吉峰、牛奶海、五色海、珍珠海。从亚丁景区的入口到达五色海一天时间足够，但亚丁的美绝对值得你放慢脚步。在亚丁村住上两晚会是不错的选择，第一天到达后，你可以慢慢从冲古寺深入到洛绒牛场，欣赏以三座神山为背景的草原森林风光。第二天小转山徒步感受亚丁风光。第三天如果意犹未尽，仍可再靠近。

　　游人一般采用"徒步 + 电瓶车 + 骑马"的方式游玩。早上从亚丁村乘坐电瓶车到达景区入口龙同坝，然后搭乘电瓶车到冲古寺。从冲古寺先登台阶半个小时到珍珠海仰望仙乃日雪山，然后返回冲古寺乘电瓶车至洛绒牛场，这里有河流和湿地、鲜花和绿草，还有秋季层林尽染的美景。从洛绒牛场至五色海和牛奶海只能徒步或是骑马，徒步约需 2~3 小时，但是雪山倒映湖面的美景绝对值得一路的辛苦。

桑堆红草滩

地址：甘孜藏族自治州稻城县桑堆镇
交通：从稻城包车前往
门票：免费
开放时间：全天开放

在稻城县城以北 28 千米处，桑堆镇公路边，有一个不起眼的小水塘，每年秋天布满了红色的水草，便是稻城著名的桑堆红草滩。虽然红草滩只有每年秋天十多天的风光，却成了稻城的一个标志性景点。

红草滩的四周被几座大山所环抱，晚秋，在黄绿相间的杨树和蓝天白云的映衬下，红得特别灿烂。五颜六色的大片色块亮丽张扬地组合在一起，水天同彩地缠绵出一幅斑斓、夸张、浓墨重彩的油画山水。

1 稻城红草滩
2 傍河色拉万亩杨林

1

傍河色拉万亩杨林

地址：甘孜藏族自治州稻城县傍河乡与色拉乡
交通：从稻城包车前往
门票：免费
开放时间：全天开放

　　稻城县傍河与色拉两乡之间有全世界海拔最高、面积最大的青杨树林，这便是著名的万亩杨林，风光持续几千米。它们原本是稻城人民为改善自己的生存环境而做的努力，却无意中成为了稻城最重要的美景之一。春天，万亩杨林组成青翠的画卷。金秋时节，蓝天白云下一片金黄，颇为壮观，再映衬着远处的红草地，是摄影的绝佳之地。

　　稻城距离傍河公路约 6 千米，可选择徒步游玩，来回需三个小时。也可以骑自行车游玩，县城内有不少租车的地方。

甘孜

旅游攻略

甘孜旅游交通示意图

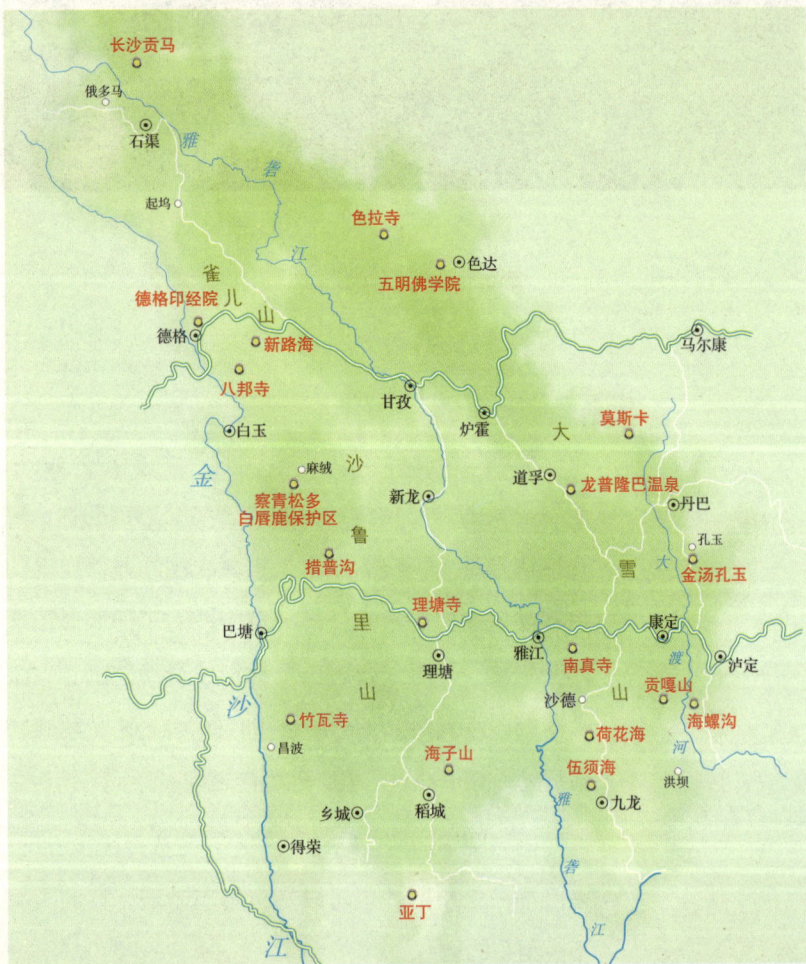

长沙贡马

俄多马

石渠

雅

砻

江

起坞

色拉寺

色达

五明佛学院

雀

儿

山

德格印经院

德格

新路海

马尔康

八邦寺

甘孜

炉霍

大

莫斯卡

白玉

沙

麻绒

鲁

新龙

道孚

龙普隆巴温泉

丹巴

察青松多
白唇鹿保护区

里

措普沟

雪

孔玉

金汤孔玉

巴塘

山

理塘寺

康定

金

理塘

雅江

南真寺

泸定

沙

竹瓦寺

海子山

沙德

贡嘎山

海螺沟

昌波

荷花海

江

乡城

稻城

伍须海

九龙

洪坝

得荣

亚丁

雅

砻

江

江

🚌 交通

飞机

康定机场位于甘孜藏族自治州康定市区西北斯丁错，距离康定城区40千米，距离318国道8千米。目前，成都、拉萨等城市可以直飞康定机场。

机场交通：康定机场周边没有公交车和正规的出租车，游客可以乘坐机场大巴前往康定市区，大约一个小时车程。

稻城亚丁机场位于甘孜藏族自治州稻城县北部海子山，距县城50千米。成都至稻城的航线开通，使人们从成都来到稻城的时间由原来的两天大大缩短为一小时。

机场交通：亚丁机场到稻城县城机场大巴，于航班落地后滚动发车，全程1小时，票价30元，乘坐地点为机场门口。

汽车

进入甘孜藏族自治州最大的交通枢纽是成都新南门车站，此站从早上7点至下午2点约一小时就有一班车发往康定，同时有去巴塘、理塘、稻城、海螺沟等地的直达班车。从成都出发，当日可抵达的城镇有康定、泸定等；九龙、理塘、稻城等需耗时两天。

当地交通

康定是甘孜藏族自治州最大的交通中心，可直达大部分县城。除了康定和泸定，其余县市通常每天只有一两班公共交通，很多时候需要你包车前往目的地。

🛏 住宿

康定是川藏线上重要的交通节点，这里的住宿选择相当丰富，也可以选择折多塘和老榆林，这里有充足的藏家民居和宾馆酒店，条件一般。

稻城亚丁是太多人前往四川的目的地。稻城县的住宿可谓是整个甘孜藏族自治州最多的，黄金周期间，房价上涨数倍，还需提前预定，除此之外，来稻城不用担心住宿。值得一提的是，很多旅店每年的11月至5月关闭。方便游玩亚丁景区的话也可以在景区附近住宿。

丹巴有着"中国最美乡村"的称号，在这里住上一晚也是不错的体验。丹巴有着众多的小宾馆、小客栈。推荐住在中路藏寨，这里不仅有美丽的藏寨景观，还是欣赏墨尔多雪山的好地方。

甘孜玉景雪莲精品酒店

康定目前比较高档的酒店，酒店离客运站非常近，交通方便。门口可停车，停车位很多，如果是自驾前来很是方便。酒店房间不是很大，但设施齐全，干净卫生，床上用品很赞。酒店三楼有个露台，可以看漂亮的落日。

位置：甘孜藏族自治州康定市东关新城
电话：0836-2837777

稻城梵禾谷旅舍

旅舍的位置很方便，步行十多分钟的范围内可以找到客运站、超市、火锅店、藏餐馆、川菜馆、银行，基础设施很完善。旅舍外观是一个很典型的藏式房屋，内部保存了民族风情而不失现代。 房间里的硬件

配置和酒店差不多，有单独卫生间。院子里有各种花花草草，文艺而美丽。

位置：甘孜藏族自治州稻城县德西街 066 号
电话：0836-5727157

丹巴井上农家

客栈位于半山腰，到客栈一路是崎岖的山路，但是风景还不错。客栈是具有浓烈藏族风格的嘉绒民居。房型典雅别致，庭院绿树成荫、生机盎然。到一号和二号观景台都很近。客栈条件一般，有太阳能，晚上洗澡会有些冷。

位置：甘孜藏族自治州丹巴县中路乡克格依村
电话：13458423602

🍽 美食

甘孜藏族自治州不同地方的特色风味虽有所不同，但都较为偏向藏式风味，藏式的糌粑、青稞、酥油茶、牛羊肉等随处可见。若是吃不惯，在县城中也能找到一些面馆或是特色川菜馆。

玛拉亚藏餐厅

玛拉亚藏餐厅是一家性价比很高的藏族餐厅，餐厅有大堂也有包间，典型的藏式民居装修风格，服务员都着藏装，服务热情周到。土豆牛肉烤饼、牛肉盖被、酥油茶、牛肉包子都是必点菜品，藏味十足，菜量大。值得注意的是包间价格较贵，问了价格再做选择。

位置：甘孜藏族自治州康定市沿河东路水井广场6楼
交通：乘1路、2路等公交车在北门站下车步行约200米可达
人均：70元
营业时间：11:00~21:00
电话：0836-2877111

江油特色餐馆

店面格局虽稍显局促也并不十分干净，但是做出的菜却还是受到好评。好吃又实惠是江油特色餐馆的最大特色。凉拌耳皮、粉蒸排骨、青稞酒、牦牛肉、水煮肉片都是必点的美食。但店内没有菜单，需看菜点菜，因此点之前要记得向老板询问一下价钱。

位置：甘孜藏族自治州泸定县南部磨西古镇上
人均：20元
营业时间：10:00~21:00

胖大姐餐厅

背包客们称赞有加的川菜餐厅，环境一般，但菜量很大，价格相对于内地有些贵，但因稻城的菜都是外地运进来的所以可以理解，基本都能接受。有名的菜有松茸炖鸡，因为是鲜松茸，所以贵些（一

小锅180元），土豆烧肥肠也很不错。回锅肉和鱼香肉丝等经典川菜口味正宗，十分下饭。还有其他四川小炒、麻辣香锅可以选择，各式需求基本都可满足。

位置：甘孜藏族自治州稻城县波瓦街90号
人均：50元
电话：13541469786

雪域藏餐馆

稻城雪域藏餐馆位置在稻城汽车站旁边，交通优势明显。是一家藏家风格的餐馆，餐厅装修得非常漂亮。菜品方面以藏族小吃为主，分量很多，而且价格便宜，性价比相对较高。耗牛酸奶是招牌，口感很不错，非常浓烈的味道。其次，强烈推荐牦牛肉火锅，牦牛肉肥美鲜嫩，非常值得一试。

位置：稻城县汽车站向南30米
人均：60元
营业时间：11:00~20:00

🛒购物

　　甘孜独特的地貌孕育了丰富的自然资源，有冬虫夏草、泸定樱桃、九龙贡椒等著名特产。此外，甘孜是藏族的聚居地，独具民族特色的藏族工艺品能让人一眼生爱。

康定商业街

　　康定商业街是最近几年才打造的，模仿古代建筑风格，每到晚上这里灯火通明，有各种特色小店，有阿迪达斯、耐克等专卖店，有酒吧、餐厅，还有一个小广场。广场上有两个藏族特有的超大转经筒，这里的喜马拉雅咖啡能给人惊喜。

位置：甘孜藏族自治州康定市沿河东路

盐藏牦牛肉特产店

　　店内销售纯天然的正宗牦牛肉，秘制酱料，风味独特，价格公道，非常推荐购买，在稻城口碑很好，很适合作旅游手伴礼。可以在店内加老板微信，想吃的时候还可以联系老板发快递，很是方便。

位置：甘孜藏族自治州稻城县波瓦街 10 号

俄初街

　　街上商铺众多，街中可以买到藏风浓厚的银饰。纯正的桑吉卓玛青稞酒，以及酥油制品、风干肉和野生菌这里都有见，品尝后喜欢的话，不妨买点带回家。运气好的话，还可以碰到藏民沿街向店铺兜售他们所采的红景天、雪莲花、冬虫夏草、贝母、雪茶、灵芝、雪莲等药材。

位置：甘孜藏族自治州稻城县

LiangShan

凉山

春天栖息的城市

不仔细看地图，你很可能会忽视四川西南部的这片区域，如果愿意花时间走上一趟，你会发现这里不仅有优美的湖光山色，还有历史悠久的古城古镇以及独特的彝族风情。一年四季都能见到的灿烂阳光是这片区域温暖美丽的外衣。在这个春天栖息的城市，放慢脚步，享受时光吧！

A 凉山火把节：彝族狂欢盛宴

"火"是人们对自然最古老的崇拜，而世代生活在大凉山的彝族更将火视为光明的象征。一年一度的火把节不仅是这种原始祭祀的延续，更是彝族民族文化的展示。火把节，在彝族众多传统节日中规模最大、内容最丰富、场面最壮观、参与人数最多、民族特色最为浓郁。渗透着一种"狂欢化"的民俗精神，传达着朴素的生命观念和生活态度，因而有"中国民族风情第一节""东方狂欢夜"之美誉。

较普遍的关于凉山火把节的传说是，远古时期，天神魔王恩体古兹放出铺天盖地的蝗虫到人间侵害庄稼，牧羊姑娘妮璋阿芝和彝族勇士黑体拉巴带领民众点燃火把，烧死了所有的蝗虫，保住了庄稼。为了欢庆胜利，彝族人便燃起火把狂欢了三天三夜。

凉山火把节于每年农历六月二十四日至二十六日举行，历时三天。第一天称为祭火。村村寨寨都会杀牛宰羊，以酒肉迎接火神，在外的人们也都要回家吃团圆饭，家家分享节日的欢乐祥和。夜幕降临时，临近村寨的人们会在老人选定的地点搭建祭台，以传统方式击打燧石点燃圣火，儿孙们从老人手里接过火把，先照遍屋里的每个角落，再田边地

角、漫山遍野地走过去，用熊熊燃烧的火光来驱魔除灾。

第二天叫颂火，是凉山火把节的高潮，男女老少都穿上节日的盛装，参加各式各样的传统节日活动。成千上万的人聚集在一起，组织赛马、摔跤、唱歌、射击、斗牛等活动，彝族选美活动也在这一天举行。傍晚时分，成千上万的火把形成一条条巨型火龙，从四面八方涌向同一个的地方，最后形成无数的篝火，烧红天空。欢乐的人们汇聚在篝火四周尽情地歌唱、舞蹈，场面极其壮观。

第三天称为送火，是凉山火把节的尾声。这天夜幕降临之时，各家各户会陆续点燃火把，手持火把，走到约定的地方，聚在一起，举行送火仪式，念经祈祷火神赐给子孙安康和幸福，赐给人间丰收和欢乐。

多数游客体验火把节都是选择西昌，其实火把节保存最完整、最具特色的要数布拖县，这里享有"火把节之乡"的美誉。想体验原汁原味的彝族火把节，不妨考虑下这里。

1 熊熊燃烧的火光
2 火把节斗牛活动

Ⓑ木里：上帝浏览的花园

凉山彝族自治州的木里，这个对游人来说相对陌生的名字，其实蕴藏着不为人知的惊世美丽。美籍学者约瑟夫·爱弗·洛克曾于1924年、1928年、1930年三次到木里考察，并由此留下了三条"洛克线路"，让后来的徒步旅行者不断追随。但大多数旅行者还是对木里知之甚少。

洛克发表在《美国地理》杂志上的报告说："那是佛教王国的圣洁之地……上帝浏览的花园。"多年以后，他依然对此念念不忘："我无数次梦回那片被高山环抱的童话之地，它是如此的美丽与安详。我还梦见中世纪的黄金与富庶，梦见涂着黄油的羊肉和松枝火把，一切都是那样安逸、舒适与美好……"英国著名作家希尔顿深刻领会了洛克的游记，在其长篇小说《消失的地平线》中首次将这块神秘地域命名为"香格里拉"。

多年过去之后，香格里拉已风靡全球，但木里这座"上帝的花园"却依然深藏在云贵高原与青藏高原的过渡地带，那些美景和风情，至今还鲜为人知。连绵的群山与深邃平静的海子是木里最常见的美景。

木里群山连绵，拥有数百座海拔超过 4000 米的高山，其中最高也最漂亮的，当属海拔 5958 米的恰朗多吉雪山，当年洛克经过这里，就毫不吝啬地把它形容为"裁剪过的金字塔"。晴朗的日子，以辽阔的碧蓝天穹为背景，白雪皑皑的恰朗多吉更显挺拔、俊俏，若有一条云带缠绕山腰，那又将多几分仙气。

木里境内天然秀丽的高原湖泊有十多个，最为著名的有丁东海子、寸多海子、尼多海子、巴桑海子等。春季，山峦湖畔百花争艳；夏季，碧绿的湖水连接天际；深秋，一派金黄倒映湖中，还有野鸭在悠闲地游戏；隆冬，群山银装素裹。在山水的相互辉映中，罕见的高原景色尽收眼底。除此之外，木里还有众多佛教寺庙。全县有传统的"三大寺十八小寺"，其中最为有名的是木里大寺。

目前，木里最适合自驾或是徒步，只要你有足够的勇气，大把的美景正在等着你。

1 美丽安详的木里县牧场
2 木里大寺

凉山

4 种极致体验

湖光山色最怡人 / 温泉绕西昌 / 现场观看卫星发射 / 跟着成昆铁路走

① 湖光山色最怡人

凉山彝族自治州自然风光秀美，螺髻山、泸山、恰朗多吉雪山，山山雄奇；邛海、泸沽湖、马湖，湖湖秀美。来凉山，在怡人的湖光山色中，泛舟、徒步、品美食，享受悠闲度假时光。

邛海

地址：凉山彝族自治州西昌市海滨中路
交通：市区乘坐 14 路、17 路、22 路公交车到达邛海公园
门票：免费
开放时间：全天开放
官网：www.xcqhls.com

邛海又名邛池，是四川省第二大天然淡水湖。因距离市区极近，每当周末这里本地人云集，被称为西昌市民的后花园。邛海也以恬静著称，四时之景不同，湖岸一周有很多值得一游的景点，如北岸的月亮湾、新沙滩、观海湾，南岸的观鸟湿地公园，泸山脚下的月色风情小镇以及东岸的青龙寺。

租辆自行车环湖一周是种不错的体验，在观鸟岛湿地门口有租车

点，你只需沿着环湖公路骑行就可以了。在观海湾，可俯瞰整个邛海，湛蓝的湖水和曲折的湖湾让人心旷神怡。到青龙寺可停车游览，品尝下寺内的素斋，顺便解决午餐。

此外，你也可以在邛海边住上一晚，细细品味邛海的美。月色风情小镇、观海湾和对面的小渔村都有住宿，湖上泛舟，湖畔垂钓，小渔村里吃吃湖鲜、搓搓麻将，像西昌本地人一样度过两天的悠闲时光。

泸山

地址：凉山彝族自治州西昌市海滨中路 92 号
交通：先乘车至邛海，然后步行即到
门票：5 元
开放时间：9:00~18:00
电话：0834-219991
官网：www.xcqhls.com

泸山与邛海景区相连，被誉为"川南胜境"，两者可一并游览。泸山又名蛙山，是一座四季葱茏的碧峰。山脚的凉山彝族奴隶社会博物馆，是世界上唯一反映彝族奴隶社会形态的专题博物馆。山间有

1 俯瞰螺髻山
2 泸沽湖草海美景

汉、唐、明、清年代修建的十多座古泸山刹，这些古刹分别为儒教、道教、佛教所有，并存千年。其中号称泸山第一座古刹的光福寺和号称四大碑林之一的西昌地震碑林是一定要看的。山腰有很多灵猴，会顽皮地抢你的食物。山顶有观景平台，是鸟瞰邛海的好地方。

泸山还有索道，不过还是建议徒步游泸山，整座山不高，约2小时即可到达山顶，不过别忘了穿双舒适的鞋子。

螺髻山

地址：凉山彝族自治州普格县螺髻山镇
交通：西昌汽车旅游客运中心乘坐巴士，经1个小时左右到达螺髻山镇，在螺髻山镇乘出租车到景区
门票：70元，索道往返140元
开放时间：8:00~18:00（14:30停止售票）

螺髻山因其主峰高耸入云，形似青螺，宛若玉髻，而得其美名。螺髻山是我国已知山地中罕见的保持完整的第四纪古冰川天然博物馆，山上遍布冰斗、冰碛湖、角峰、冰川刻槽等古冰川遗迹。因此

这里最著名的是一连串美丽的高山冰川湖。除此之外，每年四五月，漫山遍野的 30 多种野生杜鹃也为游人所津津乐道，此时是前往螺髻山的好时候。

游览螺髻山的唯一方法是：在景区门口乘坐景区观光车，直达索道下站。乘坐约 50 分钟的索道直达海拔 3600 多米的黑龙潭，沿湖畔栈道步行至对岸。观赏一连串的高山海子，水草湖、天鹅湖、野鸭湖、牵手湖……堪称是一个高山海子的世界。这一片冰川湖共有 33 个，呈群状分布，水色各有不同，红色、墨黑色、金黄色、碧蓝色等，甚是美丽。除此之外，还有溶洞、古冰刻槽可以看。

由于海拔高，山上风很大，因此去螺髻山建议携带保暖的衣服，游客中心旁也有租衣服的地方。游玩螺髻山无需住宿，黑龙潭附近设有景区服务中心，可休息和用餐。

泸沽湖

地址：凉山彝族自治州盐源县泸沽湖镇
交通：西昌汽车旅游客运中心有直接到泸沽湖镇的班车
门票：100 元
开放时间：全天开放

泸沽湖是川滇两省的分界湖，湖东南面约三分之二属于四川，西部三分之一在云南，水面海拔 2690 米，素有"高原明珠"之称。环湖公路四川段约长 26 千米，沿途经过十余个摩梭村寨，由东向西依次有草海、走婚桥、王妃故居、喇嘛庙、王妃岛、女神湾、亮海等景点。但其实游玩泸沽湖，一般不

链接：摩梭走婚

走婚是泸沽湖"母系社会"家庭中重要的组成部分，也是摩梭人传宗接代繁衍后代的途径。只是夫妻不长年生活在一起，一般日暮而聚，晨晓而归。摩梭女孩13岁就算成人，15岁左右就可以走婚了。

摩梭青年男女在劳动、生活、走亲访友中认识，双方有了好感，就会在篝火晚会时，借手拉手跳舞的机会，轻轻挠对方手心，如果对方有意，便会"回挠"。当晚，男青年就可以去爬女孩家的花楼窗户，完成最初的走婚。

刚开始走婚是偷偷摸摸的，有了一定感情基础后，摩梭男女会相互交换一些礼物作为定情信物。随着感情加深，幽会次数增多，情侣关系就需要稳定。这时候就要举行"藏巴拉"，这是一个古老的摩梭人敬灶神菩萨和拜祖宗的仪式。比较奇特的是，这个在女方家举行的仪式，一般都安排在半夜举行。没有朋友，没有酒席，只需要男方家请一个证人把求婚者带到女方家，向祖宗行礼，向灶神行礼，再向女方的长辈及家人行礼就行了。举行仪式之后，男女青年的关系就公开化了，虽说依然是暮来晨去，但不再需要偷偷摸摸地爬楼翻窗。

走婚生下的孩子随女方一起生活，生父会在满月时公开举办宴席，承认彼此的血缘关系，避免发生同父乱伦。生父不必负担抚养孩子的义务，但每个男人都要承担姐姐妹妹孩子的抚养义务。

摩梭走婚，不受任何人的干涉，纯粹建立在感情基础上，离合自由。如因感情不合而分手，由于没有涉及财产及其他的人际关系，因此不产生任何纠纷。摩梭人的走婚，真的摆脱了世俗羁绊，体现了男女之间的本质爱情，以及婚姻的平等和自由。

1 泸沽湖特色之猪槽船
2 大漕河温泉瀑布
3 潺潺溪水

1

仅限于四川一侧，从泸沽湖镇的公路出发，经木夸、大嘴村、小洛水、尼塞后，可抵达里格半岛，并可游玩位于尼塞村的格姆女神山。

泸沽湖天然的美不言而喻，在这里，可租自行车，可包车，可徒步，可乘猪槽船，不管以那种方式你都会被泸沽湖海一样的蓝所倾倒。除了绝美的自然风景，泸沽湖还有神秘的摩梭文化。泸沽湖的湖光山色间居住着善良的摩梭人，他们至今还沿袭着古老的母系氏族传统，有"东方女儿国"的美誉。神秘的走婚习俗、特色的摩梭家访，吸引了众多游人前往。

② 温泉绕西昌

西昌温泉可谓是"得大自然的眷宠而生"，良好的外部条件为西昌温泉营造出了得天独厚的洗浴环境，游山玩水归来后，泡一泡温泉，旅途疲乏便会一扫而空。

大漕河温泉瀑布

地址：凉山彝族自治州西昌市普格县荞窝镇
交通：在西昌旅游客运站乘坐到普格的大巴，在荞窝镇前的大桥下，然后按照广告牌上的电话致电景区，有专车来接
门票：40元
开放时间：8:00~17:00

大漕河温泉瀑布位于螺髻山东南峡谷的大漕河上，既是一处从天而降的瀑布，又是西南难得的温泉浴场。温泉瀑布从高处飞溅而下，你只需站在水幕中，就能享受32℃重碳酸镁型泉水的冲洗，这样的享受在全国也十分罕见。

最有意思的是在瀑布下的几个池子里享受温泉。大槽河温泉从悬崖

腰间喷出，泉水分三台飞泻而下，形成宽约 7 米、长 20 余米的瀑布，游人大有"石壁高千仞，银河落九天"之感。温泉喷口下天生一个长槽形大池，可同时容纳 20 余人沐浴。美妙之处在于瀑布形成的水帘挂于大池之外，又称"仙女池"，也叫"水帘洞"。水帘洞两边又各有一水池，每池可容纳两人，称为"鸳鸯池"，是情侣享受温泉的好去处。

不过，千万别只泡个温泉就走了，瀑布四周的景观也很值得一看。原始森林郁郁葱葱、遮天蔽日；潺潺溪水在山中石间跳跃欢歌。

矿泉花园

地址：凉山彝族自治州西昌市高枧乡矿泉大道
交通：从西昌市内乘出租车前往
门票：40 元
开放时间：6:00~00:00

矿泉花园占地面积近 2 万平方米，集欧式园林建筑与现代建筑风格于一体，青山环抱，掩映在绿树鲜花丛中，鸟语花香，环境幽雅宁静。园内有 5 个室外游泳池和 1 个室内温泉馆，以及 4 个可供一家人和亲朋好友、商务洽谈的豪华商务游泳池。温泉设施先进，配套齐全，池中有海浪急流、泡泡浪花、人造瀑布、水中脉动按摩、水锤、锤背等各种项目，在国内都处于领先水平。

在西昌众多的温泉中，矿泉花园能脱颖而出的重要原因是其拥有罕见的氡泉。珍贵的氡泉具有美容祛斑、延缓衰老等功效，据说还有一定的减肥效果。

1 矿泉花园
2 卫星发射基地内景

1

3 现场观看卫星发射

能现场观看卫星发射的机会可不多，如果你是军事和航空航天爱好者，那么不要错过。相信火箭腾空的那一刹那，你的心中会充满激动之情。

西昌卫星发射基地

地址：凉山彝族自治州西昌市冕宁县泽远乡
交通：西昌旅游客运中心乘坐中巴到沙坝镇，在沙坝包车前往
门票：100 元
开放时间：8:00~16:30

西昌卫星发射基地被喻为中国休斯顿，这是中国目前仅有的三个卫星发射基地之一，也是"嫦娥一号、二号、三号"升空的地方。在这里可以参观长征三号火箭实体、卫星发射及控制中心和由两个工位组成的发射场。虽然可以参观的内容并不多，但对于军事和航空航天爱好者来说还是值得一看。

通常的参观方式是：先在基地门口搭乘景区班车前往观景台看火箭发射，期间会有讲解员为你讲解一些基本情况。然后乘坐景区班车返回基地入口，接下来就只能自行前往约 6 千米外的展厅参观。因此，来此参观建议自驾或是报团。需要注意的是发射基地在有发射任务时会禁止参观，前往游玩前可以打电话询问最近是否可以参观。

④ 跟着成昆铁路走

成昆铁路北起四川成都，从川西平原傍峨眉山麓南下，攀越崎岖连绵的大小凉山，下至金沙江河谷，连接攀枝花矿区；再溯龙川江爬上滇中高原，穿越滇池地区的丘陵和淤泥地带，最后止于云南昆明。

跟着成昆铁路，乘火车穿越凉山无疑是一种奇妙的人生体验。沿途的风光就像一幅画卷，随着列车的行进而逐渐展开。铁路经过的大渡河大峡谷有着壮观的景色，不愧被《中国国家地理》评为"中国最美的十大峡谷"之一。你也可以走下火车，从另一个角度欣赏这条铁路，这片景色。

大渡河大峡谷

地址：乐山市、凉山彝族自治州、雅安市三地交界处
交通：乘成昆铁路火车前往，既可远观又可近玩
门票：免费
开放时间：全天开放

大渡河大峡谷始终与成昆铁路相依傍着蜿蜒穿梭，大峡谷西起乌斯河，东至金口河，地跨四川省的乐山市金口河区、雅安市汉源县和凉山彝族自治州甘洛县。南北宽17千米，东西长26千米，最窄处仅20余米，最深处有2675米，比被称为世界第一峡谷的美国科罗拉州大峡谷还要深数百米。

峡谷两岸奇峰突起，危岩耸立，构成各种象形景观似人似兽，栩栩如生、重重叠叠的山峦上，绿树成荫，飞瀑跌宕，各种山花野草争奇斗艳，形成一道道绚丽的风景，自然情韵雅致不凡。深入峡谷，头顶的成昆铁路火车隆隆驰过，脚下的河水发出闷雷般的拍岸轰鸣，上下的声响撞击让人尤为难忘。

凉山旅游交通示意图

凉山西部是木里县，也是凉山最偏远、最富有神秘色彩的地方；东北部是凉山彝族的主要聚居区，民族风情是这一区域吸引游人的主要原因；中南部是游人来凉山州普遍的目的地，无论是泸山邛海、螺髻山还是会理古城，抑或是风光绝美的泸沽湖无不让人流连忘返。

🚗 交通

飞机

西昌青山机场是凉山彝族自治州唯一的机场，位于西昌市区西北的安宁镇青山嘴，目前仅开通成都、重庆、昆明等地的直飞航班。

机场交通：机场距离市中心约 15 千米，机场到市区没有机场大巴，离机场最近的公交站是西宁，但离机场也较远，所以较为方便的方法是乘出租车，一般都不打表，至市区约 60 元。

火车

成都至昆明的铁路线由北至南纵贯凉山彝族自治州，因此前往凉山彝族自治州，乘火车会是个不错的选择，沿途风光无限。

西昌站是成昆铁路线上的一个大站，位于西昌市城南大道，可直达北京、西安、昆明、成都、重庆、攀枝花等地。西昌南站是西昌的另一个火车站，不过车次较少。值得一提的是成昆铁路复线正在建设中，建成后成都到西昌只需 2 小时左右。

汽车

西昌目前有三个汽车站，分布在城市的西部、南部和东部，分别是西昌旅游集散服务中心、西昌旅游客运中心和西昌汽车东站。

西昌旅游集散服务中心：即西客站，位于西昌市航天大道西段，主要有发往成都、昆明、攀枝花的高速班车，还有一些发往冕宁、甘洛等北部县城及临近州县的班车。

西昌旅游客运中心：位于西昌市三岔口南路，主要有发往南部及西部县城的班车，如木里、盐源、会理、泸沽湖，此外，每天还有一班发往丽江的班车。

西昌汽车东站：位于西昌市三岔口东路。这里的班车主要前往凉山彝族自治州的几个县城，如美姑、金阳、昭觉、布拖等。需要注意的是这个车站是三个汽车站中最混乱的，所以无论是买票还是上车都要多加留意。

市内交通

公交车：西昌市内有公交车线路十余条，票价1元。12路公交车从西昌旅游客运中心开往西昌站，此外，西昌106路公交车为环邛海观光公交，可乘此公交车一览邛海风光。

出租车：昌市区内的出租车起步价为5元或6元，之后每千米1.8元。很多出租车都不打表，所以上车前要和司机商量好价格，一般从市中心打车至火车站20元。

🏛 住宿

西昌是凉山彝族自治州的首府，这里不仅有著名的火把节，还有著名的邛海泸山景区，所以这里是大多数游客来凉山彝族自治州的目的地。西昌整体住宿条件较好，这里有不少设施完善的中高档酒店。月城广场、西昌站、西昌南站是很多游客在市内的首选住宿地，周围有各种类型的宾馆酒店可选，价格亲民。更推荐去西昌最为养眼的邛海附近住宿，不仅方便游览，而且抬头即是景。需要注意的是火把节、国庆期间酒店需提前预定。

此外，在蓝得深邃的泸沽湖附近住一晚也是很值得体验的事，泸沽湖附近每个村落都有家庭旅馆和客栈，大多都独具特色，入住其中，会有别样体验。

西昌鹭洲湿地酒店

酒店位于火把广场附近，方便前往不远处的海河天街以及邛海湿地。附近算是西昌餐饮最集中最多样的地段，可谓位置绝佳。酒店规模中等，房间不大，好在设施齐全。平时价格十分划算，火把节和旅游旺季价格波动较大，并且需提前预定。

位置：凉山西昌市近老海亭车站
电话：0834-8889995

邛海宾馆

宾馆坐落在邛海岸边，是西昌最著名最奢华的老牌宾馆，素有凉山"国宾馆"的美誉。宾馆为花园式格局，绿树从中掩映着一栋栋别墅。宾馆的装修走的是"彝族风"，床品和一些小摆设上可见其风格。此外，宾馆交通方便，宾馆内免收停车费，对自驾游朋友来说，尤其划算。

位置：凉山彝族自治州西昌市海滨中路 115 号
电话：0834-3953333

泸沽湖星空小栈青年旅舍

客栈位于达祖村，离湖边 100 米，可在房间内欣赏湖光山色。旅舍属于正宗的纳西庭院，纯木质结构的房屋，很有当地特色。楼上有公共休闲区，很大，可以一边看书打牌聊天儿，一边看风景。坐在走廊上看书，吹着凉风，左边就是泸沽湖的美景，很不错的体验。

位置：凉山彝族自治州盐源县泸沽湖镇达祖村
电话：15208318113

🍽 美食

西昌有名的小吃有西昌米粉、西昌烧烤、醉虾等，除此之外，还应尝尝彝族风味的特色美食。彝族风味的餐馆在西昌并不难找，而看着邛海的美景吃烧烤亦是不错的体验。

老约家彝家风味

来凉山怎能错过彝族风味的美食？老约家彝家风味在当地颇有名气，店内彝族美食很正宗，餐厅装修得也非常有特色，很有彝族风。坨坨肉、烤乳猪、苦荞饼和酸菜土豆汤等味道都极具特色。

位置：凉山彝族自治州西昌市南苑东路 58 号
人均：45 元
电话：0834-2174513

林家铺子

　　林家铺子是一家很有特色的仿古店，墙上的兽皮、老虎画像，大厅摆放的十八般兵器让你进店就仿佛置身于绿林好汉的世界。推荐他家鸭舌，口感筋道；米酒也是一大特色，自家酿制，味道独特，但是千万别贪杯，后劲足，小心第二天头疼。

位置：凉山彝族自治州西昌市上顺城街 69 号
交通：乘 16 路、1 路内环、3 路等公交车在大水井站下车，步行可达
人均：40 元
营业时间：19:00~ 凌晨

冕宁火盆烧烤

　　火盆烧烤是西昌特有的饮食文化，来西昌的游客基本都会品尝一下。冕宁火盆烧烤是西昌有名的特色火盆烧烤店，每桌客人都是围坐在火盆前边烤边攀谈，很是热闹。烤鱼、肉串、豆腐、茄子、鸡脚这些常见的烤串，刷上西昌当地风格的酱料，既独特又美味。

位置：凉山彝族自治州西昌市海南乡政府旁

人均：60 元
营业时间：10:00~23:00
电话：13088374257

小渔村海鲜烧烤

　　小渔村的烧烤在西昌很有名，小渔村有多家烧烤店，无论食材还是价格基本大同小异，总体卫生条件一般。这里的特色是海鲜烧烤，海鲜多出自邛海。比较有特色的是这里的醉虾，是将活的虾放在加满佐料的黄酒中，盖上盖子闷几分钟，就可以吃了，吃的时候有些虾可能还在动，需鼓起勇气品尝。

位置：凉山彝族自治州西昌市健康路
交通：西昌市内乘环湖公交 106 到小渔村站后，换乘 11 路公交可到

🛒 购物

盐源苹果、建昌板鸭、苦荞茶等是西昌有名的特产，在西昌各大超市都能买到。还有漂亮的彝族漆器、服饰、特色手工制品等也值得购买，上下西街是不错的购物地。此外，南红玛瑙交易市场、达达春天百货都值得一逛。

南红玛瑙交易市场

这里是中国最大的南红玛瑙交易市场，有价格不菲的精品和原石，也有物美价廉的精致饰品。游客在这可以淘到心仪的红玛瑙挂坠或红玛瑙串珠，同时也能学到如何看玛瑙的技巧。作为原石产地，这里的玛瑙价格相对便宜，但也一定不要怕麻烦，多多议价。

位置：凉山彝族自治州西昌市风情园北路 68 号

达达春天百货

西昌有多家达达春天百货，这家店在月城广场旁边，也是最大的一家。达达春天和周围其他商铺共同构成了一片 shopping mall，在西昌的商场中，达达的品牌是最全的。商场内有影院，旁边有肯德基和西昌市唯一的必胜客、豪客来，人流量比较大。如果到西昌想买东西，达达春天百货是不错的选择。

位置：凉山彝族自治州西昌市月城广场

图书在版编目（CIP）数据

四川 / 《亲历者》编辑部编著. —北京：中国铁道
出版社，2017.5
　（亲历者）
　ISBN 978-7-113-22753-1

　Ⅰ.①四…　Ⅱ.①亲…　Ⅲ.①旅游指南－四川
Ⅳ.①K928.971

中国版本图书馆CIP数据核字（2016）第316719号

书　　名：四　川
作　　者：《亲历者》编辑部　编著

策　　划：聂浩智
责任编辑：王　宏
版式设计：左小文
责任印制：赵星辰

出版发行：中国铁道出版社（北京市西城区右安门西街8号　邮编：100054）
印　　刷：北京顶佳世纪印刷有限公司
版　　次：2017年5月第1版　2017年5月第1次印刷
开　　本：880mm×1230mm　1/32　印张：8　字数：290千
书　　号：ISBN 978-7-113-22753-1
定　　价：48.00元